黑龙江省精品图书出版工程

"十三五"国家重点出版物出版规划项目

先进制造理论研究与工程技术系列

水下泵喷推进器结构设计与水动力特性

鹿　麟　著

哈尔滨工业大学出版社

内 容 简 介

　　本书围绕泵喷推进器结构设计与建模、三维精细非空化、空化流场模拟与分析等方面进行了较为详细的阐述。全书共分 5 章：第 1 章介绍并总结了水下推进器设计理论、性能研究的发展与应用；第 2 章为泵喷推进器结构设计与建模研究；第 3 章对多种工况下的泵喷推进器水动力性能与流场特性进行了研究；第 4 章开展了泵喷推进器空化性能的数值预报与研究；第 5 章对不同间隙尺寸下的泵喷推进器间隙流场特性进行了详细研究。

　　本书适用于高等学校船舶与海洋工程专业研究生，也可供从事水下航行器推进器结构设计与流场分析的研究人员参考使用。

图书在版编目（CIP）数据

　　水下泵喷推进器结构设计与水动力特性 / 鹿麟著
. — 哈尔滨：哈尔滨工业大学出版社，2022.1
　　ISBN 978-7-5603-8613-3

　　Ⅰ．①水… Ⅱ．①鹿… Ⅲ．①喷水推进器–结构设计
Ⅳ.①U664.34

　　中国版本图书馆 CIP 数据核字（2019）第 295363 号

策划编辑　王桂芝
责任编辑　张　荣　陈雪巍
出版发行　哈尔滨工业大学出版社
社　　址　哈尔滨市南岗区复华四道街 10 号　邮编 150006
传　　真　0451-86414749
网　　址　http://hitpress.hit.edu.cn
印　　刷　黑龙江艺德印刷有限责任公司
开　　本　720 mm×1 000 mm　1/16　印张 11.75　字数 196 千字
版　　次　2022 年 1 月第 1 版　2022 年 1 月第 1 次印刷
书　　号　ISBN 978-7-5603-8613-3
定　　价　48.00 元

前　言

　　本书针对泵喷推进器开展了系统、精细的研究，不仅对提升水下航行器性能及促进相关领域研究具有一定的参考意义，而且也对提升我国的水下武器例如潜艇、鱼雷等的作战隐蔽性、高效性具有一定积极作用。由于泵喷推进器本身的复杂性和较强的军事应用背景，国内外现在公开发表的有关泵喷推进器的文献并不多，要获得关于其详细的研究资料具有一定的难度。

　　近年来，本书作者在国家自然科学基金（11802273）、国防重点实验室基金、山西省应用基础研究项目（201801D221038）、山西省高等学校科技创新项目（201802080）以及山西省优势学科攀升计划的资助下，围绕泵喷推进器结构设计与建模研究、泵喷推进器三维复杂流场的计算与分析、泵喷推进器空化性能的数值预报与研究、泵喷推进器间隙流场特性研究等几方面展开深入的研究与分析。本书适用于高等学校船舶与海洋工程专业研究生，也可供从事水下航行器推进器结构设计与流场分析的研究人员参考使用。

　　本书共分 5 章，具体内容如下。

　　第 1 章介绍并总结了各类水下推进器设计理论、性能研究的发展与应用，以及各类水下推进器的发展现状。

　　第 2 章为泵喷推进器结构设计与建模研究，给出了泵喷推进器的整体组成结构；研究了泵喷推进器设计原理，包括转子、定子与导管的设计原理及其他部件的设计原则；基于螺旋桨的升力法，根据升力线理论建立了转子最佳环量的求解方法，在确定最佳环量分布后，求出满足最佳环量分布的转子叶片叶型剖面；基于修正系数法对泵喷推进器的定子进行设计，同时采用加速型导管以提高泵喷推进器效率；通过翼型型值点与切面轮廓投影点之间的转换，建立了泵喷推进器叶片的三维建模方法，并且利用 Siemens UG NX 软件完成了泵喷推进器的三维建模与虚拟装配工作。

第 3 章对多种工况下的泵喷推进器水动力性能与流场特性进行了研究,建立了泵喷推进器三维复杂流场数值计算模型,确定了采用雷诺时均(Reynolds-averaged Navier-Stokes,RANS)方法对三维流场进行求解,利用 SST $k-\omega$ 湍流模型完成计算封闭,利用有限体积法(Finite Volume Method)对控制方程和湍流模型进行离散,利用 SIMPLEC 算法对速度与压力进行耦合;针对泵喷推进器相对复杂的机械结构,采用前处理软件 ANSYS ICEM,基于分块思想和内部交界面拼接的方法,对泵喷推进器计算域进行结构化网格划分;通过对 E779A 桨不同工况下的水动力性能数值计算与分析,对数值计算方法与模型进行了验证;针对不同进速系数下的泵喷推进器三维流场进行计算与分析,得到了泵喷推进器的水动力性能,当 $J = 1.23$ 时,效率最大为 67.99%,泵喷推进器的平衡性能较为理想;同时,给出了泵喷推进器内部流场中压力与速度的分布特点与规律。

第 4 章开展了泵喷推进器空化性能的数值预报与研究,针对泵喷推进器空化流场的特点,修正了湍流模型,合理地选择了空化模型,建立了泵喷推进器空化流场的计算模型与方法,以 NACA66 水翼与 E779A 桨为研究对象对空化数值计算方法进行了验证;通过对不同工况下泵喷推进器空化流场的计算,得到了泵喷推进器的空化水动力性能;在空化发生后,泵喷推进器仍在 $J = 1.23$ 时效率达到最大,数值为 59%;泵喷推进器的效率在发生空化后出现了明显的降低,降低幅度最大为 19.38%($J = 0.98$);分析了泵喷推进器空化压力场的分布特性,计算表明定子叶片的稳流作用能够延缓和降低空化影响;分析了转子转速、来流速度与空化数对泵喷推进器空化特性的影响规律。

第 5 章研究了泵喷推进器间隙流场特性,对不同间隙尺寸下的泵喷推进器进行了三维建模与结构化网格划分,并且着重对泵喷推进器的间隙流场进行精细后处理;通过对叶顶间隙流场的精细后处理,对间隙流场的流动特性进行了描述,给出了间隙流动的作用机理与结构,研究了顶隙泄涡的形成原理与主要组成部分;完成了对间隙流场输运与发展的描述与分析,分析了间隙流动对泵喷推进器导管内速度场与压力场的影响特性;通过对不同间隙尺寸下泵喷推进器水动力性能计算结果的对比,得到了间隙尺寸对泵喷推进器水动力性能的影响规律,给出了不同间隙尺寸下的速度与压力分布规律;通过提取空化间隙流场的空化云图、轴面空化面积等流场数据,分析了推进器间隙流场的空化特性,给出了不同叶顶间隙尺寸对推进器空化流场特性的影响规律，分析了不同间隙尺寸下转子叶片空化面积的变化规律；在空化水动力计算的基础上，研究了间隙尺寸与转子转速对泵喷推进器空化特性的综合影响规律。

特别感谢中北大学李强教授、西北工业大学潘光教授的悉心指导以及对本书部分研究工作所做的贡献。黄桥高、施瑶、柯久久博士也为本书提供了许多资料，此外本书参考了一些国内外的文献，在此一并表示感谢。

由于作者水平有限，书中难免在疏漏及不足之处，敬请各位读者批评指正。

作　者

2021 年 11 月

目　　录

第1章 绪 论

1.1 引 言

无人水下航行器（Unmanned Underwater Vehicle，UUV）是利用潜艇以及水面舰船作为搭载平台，能够在水下进行长时间、远距离自主航行并具有高度智能化的小型武器设备载体，主要用于水下侦测、遥控捕雷与战斗等。由于无人水下航行器具有可回收性，故能够有效地降低使用成本。现今，对海洋资源的开发与利用越来越受到各个国家的重视，从而使得无人水下航行器的应用范围与程度也随之增大。同时由于无人水下航行器的综合特点突出，其不但在军事上得到广泛应用，在民用方面也具有很大的发展前景。无人水下航行器由多个系统组成，其中动力推进系统是其关键组成部分之一。动力推进系统主要包括动力装置和推进器两大部分，其作用是为航行器自动航行提供动力，使航行器具有一定的航行速度与航程。

无人水下航行器推进器主要有三种：对转螺旋桨、导管螺旋桨以及喷水推进器。第二次世界大战前后的水下武器（如鱼雷）的推进器以对转螺旋桨为主。由于对转螺旋桨相对于水面舰艇（该时期鱼雷的主要攻击对象）具有较好的声学隐蔽性，因此没有把螺旋桨的噪声特性作为重要战术指标。随着现代推进形式的快速发展，出现了一种新型推进方式——导管螺旋桨。由于导管螺旋桨推进效率高、推力大以及具有良好的抗风浪性能，已被用作现代无人水下航行器的主要推进装置。无导管螺旋桨推进器在高转速工作时极易产生高声压级的空泡噪声，此外高速旋转的推进器尾流也会贡献一定的流噪声。为此，一种声学隐蔽性能极佳的新型推进器——泵喷推进器（Pump Jet Propulsor，PJP）应运而生。

泵喷推进器主要由转子系统、定子系统和导管等结构组成。翼剖面导管极好地屏蔽了转子及定子的噪声，定子叶片的良好导流作用降低了泵喷推进器旋转尾流的耗散，减速型导管能够降低内流场的入流速度，使转子叶片工作在一个相对高压的环境中，推迟了空泡的产生，提升了推进器的声学隐蔽性，而加速型导管可以加速来流，增大推进器的推力，提高泵喷推进器的效率。因此，泵喷推进器是高速水下航行器的首选推进方式，其低噪特性对提高潜艇和鱼雷的声学隐蔽性等作战指标具有十分重要的意义。

转子与定子的相对位置决定了泵喷推进器主要分为两大类：前置定子式，即定子叶片分布于转子前面的泵喷推进器；后置定子式，即定子叶片分布于转子后面的泵喷推进器。对于潜艇上的泵喷推进器，多采用前置定子式来均匀来流，并且利用吸声材料降低推进器的噪声，如图 1.1（a）所示；而鱼雷上的泵喷推进器多采用后置定子式，同时采用加速型导管进一步提高推进器效率，如图 1.1（b）所示。与传统的推进器（如对转螺旋桨、导管螺旋桨等推进器）相比，泵喷推进器具有以下优点。

（1）声学隐蔽性好。泵喷推进器具有良好的声学隐蔽性是由于：①泵喷推进器的转子被导管所包围，产生的导管内部噪声能够被导管屏蔽与吸收。另外，前置型定子叶片可以均匀转子的进流，降低转子桨叶的非定常脉动载荷，降低推进的低频线谱噪声。②相对于传统螺旋桨的叶片直径，泵喷推进器的转子直径较小，在相同转速下，较低的旋转线速度可以降低推进器的低频噪声声压级。国内外研究表明：低航速下，与普通螺旋桨相比，泵喷推进器具有较低的低频线谱噪声；高转速下，泵喷推进器的噪声性能更为优秀。

（2）预设航速高。预设航速指在水深一定时，水下航行器的推进器在不产生空泡的条件下所能达到的最大航行速度。同时，泵喷推进器导管和定子叶片的安装与应用，能够对进流进行调整，从而使转子叶片所处流场的分布更为均匀，进而对转子叶片梢涡空化和片状空化的产生起到了很好的推迟效果，也使 UUV 的低噪声航速得到提升。

在泵喷推进器的设计中，高效性和安静性是必须保证的两个重要性能指标，也是泵喷推进器结构合理性的度量指标。泵喷推进器的转子叶片顶端与导管内壁之间存在一个狭小的间隙，由此引起的流动称为间隙流动。虽然转子叶顶间隙的几何尺寸与整个叶片相比很小，但间隙流动对泵喷推进器的流场（内流场及尾部流场）结构、空化特性、噪声特性等都会产生重要影响。如果叶顶间隙的几何尺寸设计不合理，将导致泵喷推进器的水动力性能和空化性能急剧恶化。所以，由间隙流动引起的多重效应是在泵喷推进器设计过程中势必要考虑的关键问题之一。

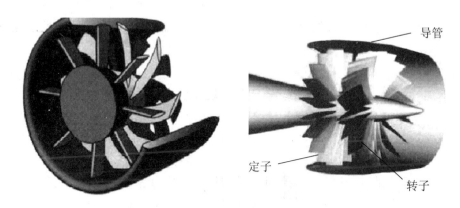

（a）潜艇上的泵喷推进器

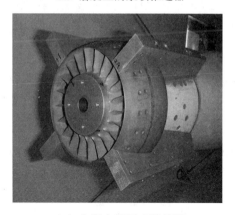

（b）鱼雷上的泵喷推进器

图 1.1 不同应用类型的泵喷推进器

由于泵喷推进器本身的复杂性和较强的军事应用背景，国内外有关泵喷推进器公开发表的文献并不太多，要获得关于其详细的研究资料具有较高的难度，而国内对于泵喷推进器所开展的研究工作，例如泵喷推进器的设计、水动力性能、空泡性能以及间隙流动方面的研究则也是少之又少，尤其是有关间隙流动方面并没有开展深入系统的研究。但国内目前关于传统类螺旋桨与轴流泵的设计及其性能预报方法等方面的研究工作已开展较多，这为泵喷推进器的相关研究奠定了良好的基础。因此，本书基于轴流泵设计理论及计算流体力学（Computational Fluid Dynamic，CFD），对泵喷推进器总体进行结构设计，并采用数值模拟手段全面开展无人水下航行器泵喷推进器水动力性能、空化特性及间隙流动特性等方面的研究，重点突破泵喷推进器总体设计、间隙流场特性数值模拟等关键技术，为泵喷推进器流场特性的理解与分析以及推进器的优化设计提供重要的理论基础和技术支持。

1.2 水下推进器设计理论的发展及应用

1.2.1 升力线理论的发展及应用

升力线理论是以一根从叶根到叶梢的涡线（也称为螺旋桨的升力线）来代替桨叶。自 1919 年 Betz 以机翼升力线理论为基础建立了螺旋桨的升力线理论开始，受计算能力的影响，20 世纪 60 年代以前，升力线理论在螺旋桨的性能预报和设计中占据着主导地位。在设计问题中，主要是根据 Betz 提出的势流中螺旋桨能量损失最小的条件（Betz 条件）来求解最佳环量。20 世纪 60 年代以后，Lerbs 以 Kawada 提出的诱导因子法为基础，建立了基于升力线理论的螺旋桨线理论的螺旋桨性能预报基本方程，并从理论上进行了求解，同时应用该方程进行了任意环量分布下螺旋桨的设计，取得了较好的设计成果，该方法随后得以广泛应用。随着升力线理论的日渐完善，其在螺旋桨尾流场预报和桨舵干扰问题中也得以应用，1961 年冈田正次郎、高木又男应用线性化的升力线理论对桨舵尾流场以及桨舵相互干扰问题进行了理论研究和定性分析。20 世纪 80 年代，黄胜及其学生也进行了相关的研究，应用准定常的扩展升力线理论计算了螺旋桨模型的诱导速度场。

升力线理论虽然只是简单地将桨叶表面以一根升力线来替代，未考虑螺旋桨的几何形状和边界条件，但是即使发展至今，最佳环量求解问题仍然是螺旋桨设计的基础，也一直有学者在最佳环量求解方面进行大量的研究工作。1976 年，Yim 以诱导因子法为基础，对螺旋桨最佳环量分布问题进行了进一步完善，其计算中计入了流体黏性和螺旋桨空泡的影响，20 世纪 80 年代，Achkinadzhe 也进行过相关研究，他们的研究工作为高性能推进器的设计提供了理论基础。20 世纪 70 年代之后，升力线理论在螺旋桨设计中的应用日趋成熟，这也促进了升力线理论在推进器组合体设计中的应用。1986 年，Brockett 首次将升力线理论应用于桨后自由叶轮的设计，其中螺旋桨和叶轮的最佳环量分布都通过约束条件下非线性优化方法求解；随后，Cox 建立了基于升力线理论的对转桨设计方法，在对转桨性能计算中考虑了前后桨之间的相互影响。1989 年，Coney 将变分法推广于非常规推进器（导管桨、对转桨等）最佳环量分布的求解，在其计算中通过镜向涡系的方式计入桨毂、导管等对环量分布的影响。1997 年，Taylor 以 Coney 的研究工作为基础，进行了水下机器人导管桨设计工作，在设计中考虑了水下机器人与推进器的相互影响。1999 年，苏玉民给出了应用变分法原理计算螺旋桨最佳环量分布的具体求解方法；随后，谭廷寿也进行了相关研究工作。2006 年，Mishkevechi 和 Celik 分别对最佳环量的求解进行了进一步研究；Victor 在求解最佳环量分布时引入"广义诱导因子"，在计算中考虑了桨毂和导管的影响，并将计算结果与 Coney 的结果进行了比较，比较结果表明，自由涡线螺距较小时，"广义诱导因子法"精度更高。Celik 在最佳环量求解中，根据"自由涡线方向与当地流场方向保持一致"的原理，在最佳环量求解时考虑了自由涡线的收缩和变形。2010 年，蔡昊鹏采用 Celik 提出的方法，考虑了自由涡线的径向收缩和变形，结合粒子群优化算法寻优求得螺旋桨表面最佳环量分布，并将其应用于水下机器人推进器设计，取得了满意的设计结果。2012 年，王亮等对于升力线理论的局限性进行了解释和说明，升力线理论是以二维机翼模型为基础发展而来，忽略了螺旋桨三维模型的实情，因此具有局限性。

1.2.2 升力面理论的发展及应用

升力线理论由于其局限性，在性能预报中精度不高，各学者不断对升力线理论进行完善，并发展了升力面理论，提高了螺旋桨性能的预报精度。升力面理论是对升力线理论的深化，它仍以薄翼线性化理论为基础，用涡面代替拱弧面，用源汇分布表示厚度，将桨叶看作拱弧面和厚度分布的线性叠加，结合建立的尾涡模型，在拱弧面上满足运动学边界条件。在升力面理论中，合理的尾涡模型建立也是一个十分重要内容，伴随着升力面理论的应用，尾涡模型的建立也日趋完善。根据应用升力面理论时所采用的不同数值算法，可将升力面理论分为连续方法和离散化方法。

1955 年，Ginzel、Ludwieg 率先提出了适用于宽叶螺旋桨的升力面理论，但该方法计算量较大，且忽略了自由涡的影响，因此应用较少。1961 年，Cox 以 Ginzel、

Ludwieg 的方法为基础并进行了一定改进，考虑了自由涡影响，但其方法是采用弦长中点处的流线曲率来修正拱度比，未考虑整个拱弧面形状的影响。1973 年，Cummings 在螺旋桨性能预报中用一系列模式函数来表示桨叶上的涡分布，并在尾涡模型中考虑了尾涡螺距的变化，取得了较好的计算结果。在离散化升力面理论中，将桨叶表面离散为由源汇段和涡段组成的网格形式，这增大了数值的计算量，但随着计算机计算能力的提高，离散化的应用也越来越广。1961 年开始，English、Kerwin 和 Yamazaki 应用离散涡格法在螺旋桨的性能预报和理论设计中做了大量工作，促进了离散化升力面理论的发展。Kerwin 解决了离散化升力面法应用于有纵斜、大侧斜、变螺距的螺旋桨时存在的问题，并考虑了桨叶厚度的影响，Kerwin 在计算中，将尾涡分为过渡区和远尾流区（由毂涡和梢涡构成），在过渡区考虑尾涡径向收缩变形，其计算结果表明，尾涡螺距角是影响计算精度的重要参数，随后结合 K.S.Min 的螺旋桨尾流场激光多普勒（LDV）测试结果对尾涡模型进行了进一步精化。Yamazaki 根据平面涡环和法向偶极等价的关系建立了离散涡环法，在螺旋桨性能预报中取得较好的计算结果。1982 年，Greeley 在应用升力面理论研究桨叶梢部流场特性时，对 Kerwin 和 Lee 的尾涡模型进行了改进，过渡区尾涡半径的变化用三次样条曲线拟合，尾涡螺距角通过诱导速度迭代收敛后的尾涡模型确定，这增大了计算量。1985 年，Nakamura 应用准连续法离散桨叶，在桨叶导边附近压力分布预报中计算的结果较涡格法好，其建立的尾涡模型考虑了尾涡螺距角的变化，在泄出位置的尾涡螺距角通过尾涡涡线与桨叶随边拱弧面相切确定，而后经过线性变化至螺旋桨的几何螺距，此后尾涡螺距角一直保持为螺旋桨的几何螺距角。同时期，Hoshino 和 Keenan 应用升力面法进行了螺旋桨非定常水动力性能预报，对于螺旋桨表面的离散也应用了准连续的方法。1988 年，王国强在进行性能预报和压力分布计算中对尾涡模型进一步改进，远尾流区的尾涡模型仍采用 Kerwin 和 Lee 的处理方法，过渡区假定尾涡沿圆锥面过渡到下游，尾涡螺距角由进角和螺旋桨的几何螺距角决定，相同半径处尾涡螺距角相等，并总结了永松宣雄和清水穗高的试验结果给出了尾涡收缩的计算方法。1997 年，Hugh 研究了升力面离散涡格法在导管桨中的应用，并对导管桨性能进行了分析。1998 年，Kawakita 应用准连续法离散的方法进行了新剖面的设计工作。

　　以上各学者的计算研究表明，升力面理论预报的螺旋桨性能在设计工况下可以取得满意精度。因此，其在螺旋桨空泡性能、组合体性能中的应用也较广。20 世纪

80 年代以来，国内应用升力面理论在单桨预报、设计和组合体性能预报时也取得了大量成果：王国强和杨晨俊应用升力面理论分别预报了导管桨、桨/舵系统的定常和非定常水动力性能以及螺旋桨的空泡性能；董世汤应用升力面理论研究了螺旋桨的边值问题；辛公正、唐登海等建立了对转桨的升力面设计方法；黄胜及其学生应用升力面理论预报了全方位推进器的非定常水动力性能；熊鹰、谭廷寿建立了螺旋桨的适伴流升力面设计方法；马骋采用升力面理论涡格法对拖式吊舱推进器非定常水动力性能进行了研究。近几年我国关于升力面的研究进一步深入：2016 年，王渊博针对 NREL Phase VI 实验双叶片水平轴风力机，采用基于多涡格升力面的自由尾迹法模拟其低风速及高风速气动性能，得到涡格数对低风速工况影响甚小，而对高风速工况影响很大的结果；2021 年，高伟等采用基于升力面理论的自由尾迹气动预测方法构建浮式风力机全耦合模型，采用多体系统动力学模型描述浮式风力机系统的运动响应，基于准静态假设计算系泊系统的系泊力，基于改进莫里森（Morison）方程公式计算水动力。

大量研究工作表明，升力面理论预报精度在非设计工况下较差，但在设计工况下可满足工程应用，在螺旋桨设计工作中，一般以设计工况下的参数为研究对象，因此升力面理论设计结果较为可信。升力面理论是现代螺旋桨及其组合体设计中所采用的主要方法之一。

1.2.3 轴流泵设计理论及应用

轴流泵设计理论主要包括一维理论、二维理论与三维理论。一维理论又被称作"流束理论"，简言之就是当流体的方向垂直于指定路径时，将不考虑其某些性质（如压力和速度）的变化，这也就是说一维流动只考虑轴向运动，而忽略了径向等方向的运动变化，并且流体的方向只是沿着叶片表面并且处于稳定状态。虽然这种假设可以极大地简化计算流程，但是该理论的完整性不足，需要结合其他理论与假设才能给出设计叶片的形式。基于二维模型的二维理论利用平面对流场进行描述，模型中的平均流线利用流线或映射对其表征，将平面进行叠加从而尽可能地近似三维几何模型，而计算的精度随着层叠层数的增加而提高。二维设计方法主要有两种，即平均流线设计方法和流线曲率法。而三维理论则是在 1952 年由吴仲华教授提出的，该理论中提出了 S1 和 S2 流面的概念，并以此为基础建立三维计算模型。随着计算机技术的不断发展，三维理论在流体机械设计和分析中取得了越来越广泛的应用。而在实际操作时，对 S1 和 S2 流面直接求解较为困难，通常的做法是将其简化为由平均 S2 流面与 S1 旋成流面所构成的准三维问题。

早在 1947 年，Wislicenus 就对轴流泵和混流泵的一维理论进行了详细的介绍。随后，1964 年，Von Kovats 采用一维理论完成了轴流泵的设计并对其性能进行了评测。而在随后关于一维理论的研究中，Shepherd 展开了更深一步的阐述。由于一维理论方法简单，计算过程也不复杂，因此得到了较为广泛的应用。基于二维理论的平均流线法，Veres、Bruce 完成了轴流泵的设计工作。2001 年，Huntsman 采用流线曲率法与二维面元法相结合的方法对轴流泵进行了设计，并且取得了较为理想的设计结果。而随着三维理论的不断发展，许多学者也开始利用三维理论对轴流泵进行设计，1984 年，Tan 基于不可压无黏无旋流动无厚度平面叶栅设计方法，提出了定环量分布的全三维理论设计方法。通过 Clebsh 公式计算半段附着涡的强度并利用迭代完成轴流泵的造型。1991 年，Zangeneh 在此方法的基础上针对不同流体介质进行了轴流泵的设计，并且对设计模型进行了外形优化，同时使用两种不同的方法对切向速度进行了计算与验证。随后，Yiu 将该设计方法成功运用到导管螺旋桨叶片的设计中。在三维理论正问题的基础上，Jenions 提出了基于 S1 流面的反问题计算，利用当量源法建立了准三维设计的系统。Zanneti 提出了三维无黏有旋流动的欧拉（Euler）方程计算模型，该模型主要针对全三维反问题的设计计算，但是该方法计算较为复杂，需要的硬件条件也较高，所以在工程上未能得到广泛的应用。

国内关于轴流泵的设计工作开展较早。1964 年，潘德民采用一维理论进行了轴流泵的设计与试验，提出了提高比转速轴流泵效率的方法。1974 年，国内的中国船舶工业集团第 708 所对传统的轴流泵设计理论进行了修正，基于变环量分布的方法完成了轴流泵的设计。汤方平采用二维理论完成了轴流泵的设计与三维建模。林汝长提出了全三维反问题计算的模型。罗兴琦、彭国义根据全三维反问题采用有限元法求解流函数方程，针对不同对象完成了轴流泵的设计计算与优化。2014 年，张睿等在构建曲率修正的滤波器湍流模型的基础上，就失速和空化引起的泵内非稳定流动特性进行深入研究，分析轴流泵装置模型空化性能和叶轮内部空化流场的可视化观测结果，发现叶片表面产生的云空化对于轴流泵性能突降有重要影响。2018 年，陶然等针对轴流泵进行水力性能设计和优化，在满足设计要求的基础上，实现泵机组水力性能的提升并采用遗传算法及二进制编码对轴流泵进行优化。

1.2.4 泵喷推进器设计及应用

1. 泵喷推进器应用现状

泵喷推进器是近年发展起来的一种新型推进器,具备推进效率较高、辐射噪声低、临界航速高等优势,在各领域中得到了广泛的应用,例如水下机器人、水下武器以及水下救生装备等,其对于海洋资源的探测与开发、国防与军队的建设等多个方面都起到了愈发突出的推动效果。也正是由于泵喷推进器的突出优点,因此对于泵喷推进器的详细研究与研发也越来越受到各个国家的重视。当前,随着推进技术的提高和关键技术的成熟,泵喷推进器的应用范围也随之不断扩大,多种类型的泵喷推进器已逐渐被用作高速鱼雷和潜艇推进系统。20 世纪 80 年代,英国率先在"特拉法尔加"(Trafalgar)级核潜艇上装备了泵喷推进器。该型潜艇的实际航行表明:Trafalgar 的推进器噪声大幅降低,其低噪声航行速度大幅提高,因而倍受各海军强国的关注。据不完全统计,大量核潜艇都以泵喷推进器作为推进装置,例如,英国的"Vanguard""Asute"级核潜艇,法国的"Le Triomphant"级核潜艇,美国的"Seawolf""Virginia"级核潜艇等。其中,以美国"Seawolf"级核潜艇为例(图1.2):"Seawolf"级核潜艇可以达到 30 kn[①]以上的水下最高航速;航行深度为 30 m时,"Seawolf"级核潜艇可以保持 20 kn 以上的低噪声航速,并且其辐射噪声水平和水下环境噪声水平较接近,因而"Seawolf"级核潜艇是世界上公认的最安静、最快的核动力潜艇。同时,泵喷推进器在高速鱼雷上的应用也越来越广泛,目前在欧美已成为鱼雷等小型水下航行器主要的形式之一,如美国的 ARL 公司为美国海军的RETORC Ⅱ 项目成功研发出了第一个泵喷推进器,美国的 MK48 与 MK50 鱼雷(图1.3)、英国的 Spearfish 鱼雷、瑞典的 TP2000 鱼雷以及欧洲鱼雷公司(EUROTORP)的 MU90 鱼雷(图 1.4),均使用了泵喷推进器,具体见表 1.1。由于泵喷推进器相较于传统螺旋桨推进器有着明显的优势,因此关于泵喷推进器的设计理论、性能测试与应用等方面问题均有所研究。国内对于泵喷推进器的许多关键技术还没有形成整的体系,例如关于泵喷推进器水动力性能、空泡性能与间隙流场特性等的研究均处于起步阶段。

注:①1 kn=1 n mile/h≈1.852 km/h。

图 1.2　美国 "Seawolf" 级核潜艇的泵喷推进器

图 1.3　MK50 鱼雷的泵喷推进器

图 1.4　MU90 鱼雷的泵喷推进器

表 1.1　应用泵喷推进器的鱼雷

国家和地区	型号	鳍舵布局
美国	MK48	十字形鳍，X 形带板翼型舵
	MK50	X 形带板翼型舵
英国	Spearfish	十字形鳍，X 形带板翼型舵
瑞典	TP2000	—
欧洲	MU90	十字形全动鳍舵

美国海军水下作战中心和宾夕法尼亚州立大学应用研究实验室联合研制了一种称为集成式泵喷矢量推进器的推进装置，其结构及样机分别如图 1.5、图 1.6 所示，最初主要用于无人潜航器。该推进器一个突出的特征是整个推进器铰接于航行器尾

部，可以通过摆动矢量推进器对航行器进行矢量控制，并可以向上转动 15° 以产生机动动力，大大增强了航行器的机动性。据报道，该型泵喷矢量推进器的体积是常规水下航行器所用推进器的一半。

2002 年，美国海军在停止近半个世纪的电动力推进鱼雷研究后，重新启动了代号为 NUWC LIGHT 的轻型电动鱼雷研究工作，其泵喷推进器示意图如图 1.7 所示。该型泵喷推进器在质量上节省了 68%，空间上节省了 47%，长度上节省了 55%，并且鱼雷噪声降低了 10 dB。

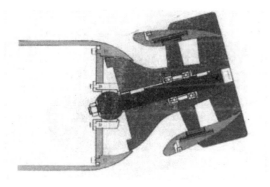

图 1.5　集成式泵喷矢量推进器结构

图 1.6　集成式泵喷矢量推进器样机

图 1.7　NUWC LIGHT 轻型电动鱼雷泵喷推进器示意图

英国华威大学 Richardson 等研制的泵喷推进器（PJP）如图 1.8 所示，其定子部分采用非对称式设计，可以有效地减小推进器的体积，其转子外径为 348 mm，功率为 5 kW，转速为 1 200 r/min。2006 年，英国南安普顿大学 Lai Shu Hau 等研制了一种小型泵喷推进器，其尾部加装了一个喷嘴，可以有效地改善尾流，其三维图如图 1.9

所示。美国 SatCon 公司为美国海军水下作战中心研制了一种集成式泵喷推进器；另外，SatCon 公司在美国海军研究办公室（Office of Naval Research, ONR）的资助下，选用了一台 37 kW 的集成式泵喷推进器用于分析并验证了其在大型无人水下航行器上的适用性，美国海军集成式泵喷推进器效果图如图 1.10 所示。Huyer 等研究了应用于水下航行器和鱼雷上的泵喷推进器，提出了一种系统的流体动力学研究方法，用来研究不同导管设计对推进器的入流和后续推进器性能的影响。

图 1.8　英国华威大学研制的 PJP　　　　图 1.9　英国南安普顿大学研制的 PJP 三维图

图 1.10　美国海军集成式泵喷推进器效果图

2. 泵喷推进器设计研究现状

由于泵喷推进器的军事背景较强，目前公开的文献不多，主要是关于泵喷推进器以及相似结构推进器（喷水推进器）性能预报方面的研究，而关于泵喷推进器设计方法的公开资料则更为稀少。

目前国外关于泵喷推进器的设计研究主要可以参考美国学者的公开资料，1963 年，McCokmick 等通过对试验数据的分析指出泵喷推进器相较于其他传统推进器无论在效率、噪声还是空泡性能方面都存在明显的优势。1964 年的 AD 报告（AD439631）中，Henderson 等指出泵喷推进器拥有较好的空泡性能，其叶片的设计往往参考轴流泵设计一维理论，但是该理论无法满足泵喷推进器的某些水动力性能的要求，于是该报告中提出了一种改进型的一维理论以满足泵喷推进器的空泡要求，同时讨论了导管、定子等设计问题。随后，在 1986 年的 AD 报告（A201353）中，Furuya、Chiang 指出由于水下航行器航速的不断提高，基于传统的二维理论所设计的泵喷推进器也不再满足要求，所以将轴流透平理论与叶旋面理论结合，提出了一种改进型的三维理论。Jacobs 等利用线性非稳态升力面法对泵喷推进器进行了理论分析，并将真实流动情况、各升力面之间的干扰都纳入分析，使分析结果更加可靠。Korde 基于 Downingtown–Huber 型泵的原理设计出了一种特殊外形的泵喷推进器，仿真结果表明，与传统的侧斜桨相比其性能表现较为优异。国内关于泵喷推进器设计的相关公开文献也不多，主要可参考中国船舶科学研究中心所开展的相关研究工作，其将理论和试验结果进行对比、整合，给出了鱼雷泵喷推进器的设计方法和标准，并对所设计泵喷推进器进行了性能评估。刘高联等提出了变域变分原理与有限元法相结合的求解泵喷推进器外流场的方法。该方法可以初步确定泵喷推进器的流量、滞止流线和导管外表面压力分布，为泵喷推进器的设计提供参考。程鹏针对小功率无人水下机器人，设计出了与之匹配的集成式泵喷推进器，有效地减小了水下机器人推进器的体积，提高了水下机器人的操纵性。何东林基于轴流泵理论完成了集成式泵喷推进器的设计，并采用 SolidWorks 软件进行了推进器的三维建模。刘文峰对泵喷推进器的结构特点进行了分析，并对其流场特性进行了仿真，利于之后泵喷推进器的设计工作。刘业宝根据泵喷推进器的特点，将螺旋桨环流设计理论和轴流泵的升力法相结合，对泵喷推进器进行了设计与性能预报。

1.3 水下推进器性能研究的发展及应用

1.3.1 CFD 理论的发展及应用

近年来，随着计算流体力学（CFD）理论及技术的不断发展，特别是计算机硬件水平的快速提升，轴流泵的设计工作不再仅仅包括前期的设计，还包括利用 CFD 理论进行性能预报，这样不但能够更加直观地反映所设计泵的性能，而且便于后期对泵的优化与改造，节省了时间与成本。Lee 将面元法与 CFD 预报相结合，基于轴流泵二维理论，完成了轴流风扇设计并取得了较好的结果。Croba 基于 URANS（Unsteady Reynolds-averaged Navier- Stokes）方程与 RNG $k-\varepsilon$ 湍流模型针对某工业用轴流泵建立了非稳态二维不可压缩计算模型，数值计算结果与检测结果吻合良好。Dick 基于 CFD 理论，结合 FLUENT 商用软件对低转速和中转速的两种轴流泵进行了数值模拟，并且比较了多参考面法（Multiple Reference Frame Method）、混合面法（Mixing Plane Method）与滑移网格法（Sliding Mesh Method）三种计算方法的计算精度。Cheah 利用 CFD 理论对轴流泵的设计与非设计工况进行了数值仿真计算。Spence 使用 CFX-TASCflow 软件，采用分块结构化网格分析了不同流速条件下导管形状、尺寸等各参数对轴流泵性能的影响，并提出了在降低压力脉动的情况下提高泵的使用寿命的方法，为轴流泵的优化设计提供了思路。Anagnostopoulos 采用数值仿真的方法对二维轴流泵的导叶进行了计算并获得了泵的整体性能曲线，同时采用无约束梯度方法（Unconstrained Gradient Method）对导叶进行了优化，优化速度较快。

国内关于轴流泵 CFD 理论的计算研究开展得较早，也较为广泛。曹树良基于 RANS 方程与 SIMPLEC 算法，对低比转速的混流式模型转轮的内部流场进行了数值仿真，并且对叶轮特性进行了初步的分析。任静采用同样的模型和算法，对轴流式水轮机的内部三维流场完成了数值模拟，计算结果与试验结果相近，具有较好的计算准确性。李文广对轴流泵叶片的设计理论进行了归纳与总结，指出了其中的不足与缺陷，并提出了改进设计理论的策略，将三维理论与 CFD 理论结合，对叶片造型方法进行修改，有效地减少了叶片的水力损失。杨敬江将理论分析、试验研究和数值模拟相结合，给出了径向线性修正环量分布的方法，利用 CFD 理论对轴流泵内部三维定常流动流场进行了仿真计算，并探究了关键设计参数的选择规律。周济人基于 CFD 理论对某工程水力模型完成了定向设计，通过改变叶栅稠密度和翼型安放角，同时结合多工况优化设计，使得设计方案满足工程要求。石丽建对现有轴流泵模型的主要设计参数进行修改，并且验证了改进后轴流泵的水力性能；通过对比改进前后泵装置的试验结果与数值模拟结果，验证了改进方案具有一定的可行性。近年来，王永生团队对升力法设计理论进行了完善与补充，提出了喷水推进一体化的设计思想，结合性能预报软件与试验分析设计出了性能较好的轴流泵。

1.3.2 泵喷推进器性能预报研究现状

国内外关于泵喷推进器性能预报方面的研究主要包括两大方面：水动力性能预报与空泡性能预报。

1. 泵喷推进器水动力性能预报

Kinnas、Hughes 等对与泵喷推进器具有相似结构的导管螺旋桨开展了十分详细的研究工作，对前置定子式导管桨水动力性能进行了计算与分析，并具体分析了定子对泵喷推进器影响。Kawakita 和 Hoshi 利用面元法对导管螺旋桨（后置定子式）在均匀来流情况下的水动力性能进行了计算。Park 和 Jang 基于不可压缩三维 RANS 方程，对带导叶的导管螺旋桨的流场特性进行了分析与研究。Park 等应用 CFD 理论对喷水推进器进行了数值仿真，仿真结果对推进器的复杂三维黏性流场的细节进行了很好的捕捉与解释。

在泵喷推进器性能预报方面，Suryanarayana 团队做了大量的研究工作与试验，其针对装有泵喷推进的轻型水下航行器回转体（LWD）（图 1.11）的水动力性能做了风洞试验研究，验证了后置定子式泵喷推进器的优点，表明后置定子能够吸收转子的旋转能量，减小尾流中的径向分量，从而提高了推进效率。Das 等采用轴流旋转机械理论对泵喷推进器进行了设计，同时基于 RANS 方程，采用有限体积法与 $k\text{-}\varepsilon$ 湍流模型对推进器进行了 CFD 数值仿真，数值计算结果与试验结果一致性较好。Sang Jun Ahn 与 Oh Joon Kwon 基于不可压缩 RANS 方程采用非结构化网格对带有转子顶部圆环的泵喷推进器进行了数值模拟，计算结果表明转子顶部的附加圆环虽然使得转子的推力与力矩减小，但是推进器的效率仍保持不变，同时其可以有效地减小顶隙涡的强度并改善推进器的内部流场。

Stefan Ivanell 尝试应用计算流体力学理论对安装有泵喷推进器的鱼雷做水动力性能数值计算，并通过与试验结果的对比验证了该方法的合理性。Yamada 等采用格子玻尔兹曼方法对导管桨进行了初步探究。J. Baltazar 等采用低阶面元法对 Ka4-70 导管桨的敞水性能进行了模拟，分析尾流模型、顶隙环流速度等因素对计算结果的影响。

2018 年，Howard Chung 等使用仿生鳍和关节系统进行水下推进器的计算流体力学-计算结构力学耦合分析，研究中以流体-结构相互作用为主，具有三维、不稳定的流体流动，大的结构运动和变形以及强烈的附加质量效应。

图 1.11　装有泵喷推进器的 LWD

受相关研究报道启示，国内从 20 世纪 90 年代开始对泵喷推进器开展研究，并取得了一定的成果。

西北工业大学航海学院是国内较早开展泵喷推进器总体设计及其水动力性能研究的单位。宋保维等基于 CFD 理论，采用高质量结构化网格，应用滑移网格技术对某型泵喷推进器的水动力性能进行了数值计算；仿真过程中，计算域内流动控制方程为雷诺平均 N-S 方程，湍流模型为剪切应力输运模型，并讨论了计算网格和湍流模型对计算结果的影响，验证了网格无关性和湍流模型无关性；数值结果与试验结果有较好的吻合。该方法在泵喷推进器水动力性能计算方面的成功应用为之后泵喷推进器的设计及水动力性能预报提供了一种可靠实用的途径。潘光等针对装有泵喷推进器的某型水下航行器，建立了内外流场的一体化数值计算模型；基于分块网格技术耦合生成了高质量的结构化网格，进行了定常水动力性能的数值计算，计算结果表明泵喷推进器效率较高且平衡性能较为理想。胡欲立与刘文峰阐述了泵喷推进器的结构特点与优势，并采用 CFD 商用软件 FLUENT 对集成电机泵喷推进器的内流场进行了数值计算，为泵喷推进器的设计及优化打下了基础。赵仿泽建立了集成式泵喷推进器的物理与数值计算模型，计算了各工况下的速度与压力分布，并对推进器的性能进行了评估。

上海交通大学的饶志强采用 FLUENT 软件对泵喷推进器的定常与非定常性能进行了仿真，并分析了各主要参数对推进器性能的影响规律；刘小龙采用基于速度势的双曲面元法，对泵喷推进器的定常和非定常性能预估进行了系统分析。海军工程大学的王鼎、黄政、熊鹰等通过改进的升力法重新对推进器的叶片进行了设计，提高了推进器的性能，并对泵喷推进器的固有振动特性进行了研究与分析。中国科学院力学研究所的王涛等采用 CFX-TASCflow 对泵喷推进器与轴对称体的组合体的三维复杂流场进行了数值模拟，分析了推进器在非自航状态和自航状态下的水动力性能，导管内部轴向、径向和周向速度场、压力场在相互作用中的具体形态和结构，为泵喷推进器的工程设计提供了切实可行的理论分析方法和技术。中国船舶重工集团公司第 705 研究所的赵兵等探究了泵喷推进器的流动干涉发生情况，研究表明推进器的噪声源主要来自转子的根部与叶梢以及定子的前缘部分。北京理工大学的段相焘等基于多参考系模型（MRF），将试验数据与计算结果对比，验证了计算方法的正确性，在此基础上分析了泵喷推进器对航行体水动力参数的影响规律。江苏科技大学的倪永燕等对泵喷推进器的研究与进展情况进行了总结与概述，并提出了分析与设计改进的建议。海军潜艇学院付健等应用 CFD 理论基于边界元方法对某泵喷静止和旋转部件完成了水动力噪声的仿真，仿真结果表明：静止部件噪声带宽主要分布在径向，而旋转部件噪声则主要分布在轴向；叶轮与导管相互作用，使得导管成为径向的主要噪声源，而导叶的声级较低。

近年来我国在泵喷推进器水动力性能预报方向的研究新进展：2014 年，王绍增等采用数值实验的方法对某艇"船+喷水推进泵+进水流道+格栅"流场进行了数值计算，得到了喷水推进器进水流道及其格栅的性能会对船舶推进性能产生显著影响的研究成果。2019 年，杨福芹等针对喷水推进中，不同进水流道管径和不同转速对进水流道流场及速度产生影响的问题，建立了三维模型，采用计算流体力学技术，得出了进水流道长度对出口流场的不均匀度、叶片的汽蚀、喷口速度影响较小。2020年，鹿麟等详细分析了泵喷推进器在不同的斜入角（$\beta=0°$，$10°$，$15°$，$20°$，$25°$，$30°$，$40°$）和不同的转速（$n=3\,000$ r/min，$3\,600$ r/min）的水动力性能。实验结果显示由于 β 的变化，流动被导流板和管道阻挡，出现了明显的高速和低速区域。2021年，黄修长等针对泵喷推进器分布式脉动压力激励下的泵喷-轴系-艇体耦合系统振动声辐射响应计算和特性分析开展研究，建立计算流体力学模型利用剪切应力输运 $k-\omega$ 模型进行泵喷推进器表面脉动压力的计算，研究结果可为泵喷-轴系-艇体耦合系统振动声辐射的控制提供指导。

2. 泵喷推进器空泡性能预报

Suryanarayana 团队在泵喷推进器空泡性能方面做了许多研究工作，其应用 CFD 理论对带有泵喷推进器的航行器进行了空泡性能的计算与预报，并且在水洞中开展了后置定子式泵喷推进器的空泡性能试验，泵喷推进器-水下航行器水洞试验模型如图 1.12 所示。试验结果表明空泡首先发生在高进速系数时转子叶片叶梢部分的吸力面上，并向压力面延伸，定子和导管上没有空泡发生，同时泵喷推进器拥有更合适的尾迹。

图 1.12　泵喷推进器-水下航行器水洞试验模型

由于许多传统螺旋桨，例如导管螺旋桨、喷水推进器以及船用桨与泵喷推进器在结构与计算方法上具有很高的相似性，所以关于这些螺旋桨的数值预报方法对泵喷推进器空泡性能预报起到了十分重要的借鉴与促进作用。Dular 等基于多项流模型，对水翼进行了非定常空化模拟，空泡长度、压力分布以及内外流场速度的数值计算结果均与试验值相吻合。Rhee 等基于 CFD 理论，采用非结构化网格，对四叶船用桨 MP017 完成了空泡性能仿真，空泡的起始位置及形状与试验检测值相符，表明该计算方法适用于螺旋桨的空泡特性预设计。CT Hsiao 与 GL Chahine 直接用螺旋桨叶片载荷的分布来衡量螺旋桨空化性能，从而在一定程度上降低了判断空化起始位置的难度；针对导管螺旋桨进行了空泡性能模拟，数值计算很好地捕捉了空泡的起始位置，计算结果表明空泡首先发生在叶顶泄涡与导边涡发生干涉的位置。Olsson 基于 RANS 方程与 RNG $k-\varepsilon$ 湍流模型，分别使用 Sauer 空化模型、Singhal 空化模型与 Kunz 空化模型，对 NACA0015 水翼与喷水推进器进行了空泡数值计算，通过与试验照片的对比得出 Sauer 空化模型的计算结果更加准确。

国内在泵喷推进器空泡性能研究方面的成果如下。西北工业大学的施瑶、潘光等基于 Rayleigh-Plesset 方程的均质多相模型和滑移网格技术，对空化条件下泵喷推进器水动力性能进行数值计算与分析，研究了转速、空泡数和进流速度对泵喷推进器空化特性的影响。计算结果表明，泵喷推进器叶片发生空化时，推进器的推力和转矩明显下降，进而引起敞水效率的降低（敞水效率降低达 15% 以上）；同一空化数下，转速越高，泵喷推进器叶片的空化现象越明显；同一转速下，空化数越小，空化现象越显著，当空化数大于某一个特定值时，叶片的空化现象消失。朱志峰等基于 Singhal 空化模型和多种湍流模型，利用商用软件 FLUENT 的对四叶船用桨 E779A 在均匀来流条件下的空泡特性进行了模拟，数值模拟很好地捕捉了叶片的片状空化形态和速度场特性。对于设计进速系数，数值模拟结果的叶片空化形态与试验结果中的基本吻合。海军工程大学的杨琼方等在螺旋桨空化性能方面做了大量的研究工作并取得了较令人满意的结果。其对多种船用桨（NSRDC4381 无侧斜桨、4383 侧斜桨以及 E779A 桨）进行了空泡性能数值计算，并且提出了对于多相流的混合密度应该考虑非凝结性气核（Non-Condensable Gas，NCG）的影响，同时对 Sauer 空化模型以及 SST $k-\omega$ 湍流模型进行了修正，阐述了螺旋桨在非均匀流场中的空泡性能与空泡噪声性能。大连理工大学的刘艳等应用 URANS（非定常雷诺时均）法与标准 $k-\varepsilon$ 湍流模型，首先对 NACA66 水翼进行了非定常空化模拟以验证数值计算方法，并在此基础上分别采用 Singhal 空化模型与 Z-G-B 空化模型对大侧斜桨进行了空泡性能计算，计算结果表明 Z-G-B 空化模型具有更好的适用性，同时当倾斜角为 20° 时螺旋桨的推力最大且受到的尾流干扰最小。

近年来我国在泵喷推进器空泡性能预报方向的研究新进展：2016 年，陈宁等对不同工况下的叶轮叶片、流道等参数进行压力和速度分析得到结论——随着叶片数的增加，在相同工况下，叶片表面的压力分布逐渐均匀，叶轮内液流流动相对流畅，水力损失降低。2020 年，黄红波等为避免螺旋桨空泡引起的船体局部振动超标问题，基于大量当代船舶全附体模型在大型循环水槽中的螺旋桨空泡与脉动压力试验数据及空泡特点，分析归纳出一种基于同类船舶螺旋桨主参数中值水平概念的脉动压力预报新方法。2021 年，阳峻等研究了由前置定子、转子和导管组成的泵喷推进器的敞水特性和流动干扰，数值模拟两种不同尺度泵喷推进器的流动特性，通过分析发现泵喷推进器各部分均存在尺度效应。

1.3.3　泵喷推进器间隙流场特性研究现状

在泵喷推进器间隙流场特性研究方面，大多是针对喷水推进器、导管螺旋桨或轴流泵等与泵喷推进器具有相似结构的模型展开的。比如基于三维 RANS 方程方法，并利用 k-ε 湍流模型与壁面函数，Lee 等对导管螺旋桨叶梢流动展开了研究，通过对比计算结果与试验结果发现，二者一致性较好，说明利用 CFD 理论对叶梢流动进行分析是具有一定可操作性的。在非结构化网格的基础上，Sangmook Shin 等对导管螺旋桨叶梢流动完成了数值计算。基于 RANS 方程，结合求解器 CFD SHIP IOWA，Jim Kim 等对导管螺旋桨的叶梢流场进行了数值计算，对叶梢泄涡的结构进行了分析，并在此基础上完成了螺旋桨的空化性能计算，此外还对螺旋桨的噪声性能进行了预估。Dong Hyun You 等在间隙流场方面开展的研究工作较多，其通过对导管螺旋桨间隙流场的数值计算与分析，对间隙流场的特性进行了阐述与总结，同时获得了较为详细的间隙泄涡的流动结构以及间隙泄涡对主流场的影响规律。McCarter 等采用试验研究的方法，对风机转子间隙泄涡的结构进行了监测与分析，尤其是间隙泄涡的起始与发展、与二次流之间的相互干扰以及对风机性能的影响。

在泵喷推进器间隙流场研究方面，目前仅有中国科学院力学研究所的王涛开展了部分研究工作，他采用 CFX-TASCflow 对有间隙泵喷推进器与轴对称体的组合体的三维复杂黏性流场进行了数值模拟，通过分析导管内局部流场（转子盘面、转子后/转定子之间、定子盘面、导管出口/定子后），揭示了间隙流场对导管内流场（包括速度场和压力场）的影响。其余有关间隙流场的研究，均是针对导管螺旋桨或轴流泵展开的。丁永乐指出间隙流场损失是限制旋转机械性能提升的一个重要不利因素，并利用 CFD 理论与 CFX 商用软件对三种典型进速系数下间隙流场对导管螺旋桨性能的影响进行了模拟仿真，仿真结果展示了三种进速系数下叶顶泄涡的结构。刘登成等采用 RANS 方法和混合面方法，分析了间隙流场对导管螺旋桨水动力性能的影响，在计算中也考虑了间隙流场对转子叶片径向载荷的作用范围。施卫东等基于 CFD 理论对不同叶顶间隙下的轴流泵进行了空化流场计算适应性研究，探究了转子区域的空化发展特性，并对不同叶顶间隙下的轴流泵空化特性进行了对比分析，比较了叶顶间隙对轴流泵空化性能和流场结构的影响。梁开洪等同样基于 CFD 理论对轴流泵叶顶间隙流场进行了数值模拟，对比分析了四种不同间隙下轴流泵的能量特性，得到了叶顶间隙泄涡流动及泄涡的结构，通过计算与分析获取了较为完善的能效曲线图。

虽然导管螺旋桨和轴流泵与泵喷推进器的设计原理有所差别，但在导管螺旋桨或轴流泵方面取得的有关间隙流场的成果对泵喷推进器的研究具有很好的参考价值。从目前掌握的文献资料来看，间隙流场对泵喷推进器的水动力性能和噪声性能影响很大，由间隙流场引起的多重效应是泵喷推进器设计过程中势必要考虑的关键问题之一。但国内外对于该问题的研究还远远不够，尤其是间隙流场对泵喷推进器水动力性能与空泡性能的影响的研究几乎是一片空白。因此，急需开展水下航行器泵喷推进器间隙流场的研究，揭示泵喷推进器间隙流场特性、间隙流场对泵喷推进器水动力性能和噪声性能的影响规律及作用机理，为高效低噪泵喷推进器的研制和应用提供理论基础和技术储备。

随后，我国针对泵喷推进器间隙流场特性的研究日益增多。2020 年，孙明宇等对模型尺度和实尺度的泵喷推进器敞水性能进行数值仿真，分析尺度效应引起的水动力差异，分析结果表明：推进器各部件水动力均存在尺度效应，其中导管的尺度效应最为显著，而转子的尺度效应对推进器总体水动力的影响最大。王辰等为了分析斜流工况对泵喷推进器推进效率及流场造成的影响，采用分块网格技术，对泵喷推进器内外流场进行了结构化网格划分，研究发现：由于泵喷推进器内流场分布不均，出现了水流聚集区和分散区，降低了泵喷推进器的平衡性以及对流体的加速效果；斜流角越大，叶尖间隙对主流影响越大，造成的能量损失越大。2021 年，翁凯强等为了更加准确地预报泵喷推进器水动力性能，根据已有的梢部泄露涡模型，考虑泵喷间隙处流动的真实流动情况和间隙区域流体黏性的影响，构建了适用于泵喷的间隙流场模型。

第 2 章　泵喷推进器结构设计与建模研究

2.1　引　言

　　螺旋桨的设计方法主要有环流理论设计和图谱设计。与图谱设计相比，环流理论设计可以充分考虑伴流、效率、空泡、振动等多种因素，但是由环流理论设计的推进器结构往往较为复杂。如今随着材料和加工技术的不断发展，螺旋桨的环流理论设计越来越受重视，特别是在对噪声、振动等有特别要求的舰艇、鱼雷等推进器的设计中。在螺旋桨的环流理论设计中，常用的方法主要有升力线理论、升力面理论、面元法。目前，对于螺旋桨的理论设计问题，一般都是通过升力线理论求解出桨叶表面最佳环量分布，再由其他方法结合最佳环量分布的要求进行剖面设计。

　　泵喷推进器由多个机械结构组成，主要包括转子、定子、导管与桨毂等。由于泵喷推进器的结构、工作环境与导管螺旋桨较为相似，本章根据泵喷推进器的结构特点，利用螺旋桨的升力法，对后置定子式泵喷推进器展开设计。利用导管的限流作用，限制了推进器内部的流量，使得转子的工作环境近似于轴流泵，从而满足轴流泵基本方程。首先，基于升力线理论确定转子的最佳环量的求解方法，在确定最佳环量分布后，求出满足最佳环量分布的转子叶片叶型剖面。其次，根据转子设计的出口速度，基于修正系数法设计泵喷推进器的定子，同时采用加速型导管以提高推进器效率。最后，通过翼型型值点与切面轮廓投影点之间的关系推导出泵喷推进器转子、定子叶剖面线型值点的三维坐标，利用 Siemens UG NX 软件的三维建模功能建立设计泵喷推进器的三维装配模型，为后文进一步分析与研究泵喷推进器的流场特性做好基础准备。

2.2　泵喷推进器设计原理

2.2.1　泵喷推进器结构设计方案

在满足推进动力的情况下，泵喷推进器结构设计的步骤如下：①根据泵喷推进器的主要输入参数，如流量 Q、转速 n，功率 P 等，基于轴流泵设计方法（升力线理论），建立转子最佳环量的求解方法；②基于升力法对泵喷推进器转子叶片各参数与型值进行设计；③以转子叶片设计计算中所得的出口切向速度分量作为输入参数，对定子叶片的安装角等设计参数进行设计；④根据转子和定子叶片的轴向距离来确定主轴的长度，同时权衡效率、空泡、加工等各方面因素，以尽量减少进流在进出推进器通道时损失的原则选定导管类型；⑤在内流道确定后，根据主轴长度以及导管的形状，确定转子与定子之间的轴向相对位置。

2.2.2　最佳环量分布求解

建立固定于桨叶的坐标系 $O\text{-}xyz$，原点固定于桨盘面中心，x 轴沿桨轴指向下游，y 轴沿螺旋桨某一叶片的母线，设来流速度为 V_0，用一根附着涡代替桨叶表面，自由涡以等螺距的螺旋线泄出。桨叶坐标系 $O\text{-}xyz$ 如图 2.1 所示（r 为半径，G 为环量）。将附着涡分为 M 段，每一段剖面（叶元体）的速度三角形和受力示意图如图 2.2 所示。

由茹科夫斯基定理，半径 r 处的叶元体的升力 $L(r)$ 为

$$L(r) = \rho \Gamma(r) V(r) \tag{2.1}$$

式中　ρ——流体密度；

　　　$\Gamma(r)$——半径 r 处的速度环量；

　　　$V(r)$——半径 r 处叶元体的实际进流速度，考虑了诱导速度的影响，即

$$V = (V_0 + u_{\mathrm{a}}) \cdot \boldsymbol{i}_{\mathrm{a}} + (\omega r - u_{\mathrm{t}}) \cdot \boldsymbol{i}_{\mathrm{t}} \tag{2.2}$$

其中　$\boldsymbol{i}_{\mathrm{a}}$、$\boldsymbol{i}_{\mathrm{t}}$——轴向和周向的单位法向量；

　　　u_{a}、u_{t}——轴向和周向的诱导速度；

　　　ω——角速度。

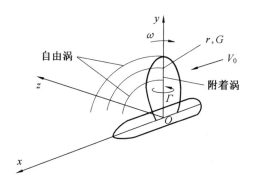

图 2.1 桨叶坐标系 O–xyz

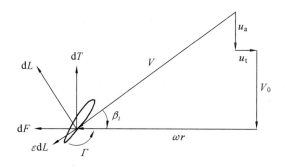

图 2.2 速度三角形和受力示意图

根据图 2.2，叶元体的水动力螺距角表示为

$$\beta_i(r) = \arctan\left[\frac{V_0(r) + u_a(r)}{\omega r - u_t(r)}\right] \tag{2.3}$$

理想流体中叶元体的受力为

$$dT_i = \rho \Gamma V \cos\beta_i dr = \rho \Gamma(\omega r - u_t)dr \tag{2.4}$$

$$dQ_i = r dF_i = r\rho \Gamma V \sin\beta_i dr = \rho \Gamma(V_0 + u_a)dr \tag{2.5}$$

式中 T ——叶元体受力；

Q ——叶元体力矩。

考虑黏性的影响，设黏性系数为 ε，叶元体运动受 V 方向的黏性阻力为 $\varepsilon L(r)$，将黏性阻力计入以上的理想流体受力中，并沿桨毂半径 R_h 至桨叶半径 R 积分，考虑桨

叶数为 Z，则螺旋桨中的受力表示为

$$T = \rho Z \int_{R_h}^{R} \Gamma(r)[\omega r - u_t(r)][1 - \varepsilon \tan \beta_i(r)]\mathrm{d}r \qquad (2.6)$$

$$Q = \rho Z \int_{R_h}^{R} \Gamma(r)[V_0(r) + u_a(r)]\left[1 + \frac{\varepsilon}{\tan \beta_i(r)}\right] r\mathrm{d}r \qquad (2.7)$$

由来流速度 V_0、螺旋桨直径 D、桨叶转速 n，定义无量纲的理想推力系数 C_T、无量纲理想功率系数 C_P 以及其他一些无量纲参数：

$$C_T = \frac{T}{\frac{\rho}{2}\left(\frac{\pi}{4}D^2\right)V_0^2} \qquad (2.8)$$

$$C_P = \frac{Q\omega}{\frac{\rho}{2}\left(\frac{\pi}{4}D^2\right)V_0^3} \qquad (2.9)$$

$$G = \frac{\Gamma}{\pi D V_s}, \quad \lambda_s = \frac{V_0}{\pi n D}, \quad \bar{r}_h = \frac{R_h}{R}, \quad \bar{r} = \frac{r}{R} \qquad (2.10)$$

式中　G、λ_s、$\bar{r}_h$、$\bar{r}$——无量纲参数。

将无量纲参数代入式（2.6）和式（2.7），可得理想推力系数 C_T 及理想功率系数 C_P 为

$$C_T = 4Z \int_{\bar{r}_h}^{1} G(\bar{r})\left(\frac{\bar{r}}{\lambda_s} + w_t(\bar{r}) - \frac{u_t(\bar{r})}{V_s}1 - \varepsilon \tan \beta_i\right)\mathrm{d}\bar{r} \qquad (2.11)$$

$$C_P = \frac{4Z}{\lambda_s} \int_{\bar{r}_h}^{1} G(\bar{r})\bar{r}\left\{[1 - w_a(\bar{r})] + \frac{u_a(\bar{r})}{V_s}\right\}\left(1 + \frac{\varepsilon}{\tan \beta_i}\right)\mathrm{d}\bar{r} \qquad (2.12)$$

其中

$$\beta_i(\bar{r}) = \arctan\left[\frac{1 - w_a(\bar{r}) + \frac{u_a}{V_s}}{\frac{\bar{r}}{\lambda_s} + w_t(\bar{r}) - \frac{u_t}{V_s}}\right] \qquad (2.13)$$

螺旋桨的效率为

$$\eta_P = \frac{TV_s}{Q\omega} = \frac{C_T}{C_P} \tag{2.14}$$

当考虑伴流的影响时，则

$$V_0 = V_s(1 - w_a) \tag{2.15}$$

$$V_1 = \omega r - w_t V_s \tag{2.16}$$

式中　V_1 ——线速度；

　　　V_s ——船速；

　　　w_a、w_t ——船的轴向伴流分数和周向伴流分数。

将式（2.11）、式（2.12）离散，可得

$$C_T = 4Z \sum_{j=1}^{M} G(j) \left[\frac{\bar{r}(j)}{\lambda_s} + w_t(j) - \frac{u_t(j)}{V_s} \right] [1 - \varepsilon \tan \beta_i(j)] \Delta \bar{r}(j) \tag{2.17}$$

$$C_P = \frac{4Z}{\lambda_s} \sum_{j=1}^{M} G(j) \left[1 - w_a(j) + \frac{u_a(j)}{V_s} \right] \left(1 + \frac{\varepsilon}{\tan \beta_i(j)} \right) \bar{r}(j) \Delta \bar{r}(j) \tag{2.18}$$

其中

$$\bar{r}(j) = 0.5[r(j) + r(j+1)] \tag{2.19}$$

$$\Delta \bar{r}(j) = r(j+1) - r(j) \tag{2.20}$$

将自由涡离散成螺旋形马蹄涡，可应用诱导因子法计算诱导速度：

$$\frac{u_{a,t}(\bar{r}(i))}{V_s} = \sum_{j=1}^{M} G(j) \frac{u'_{a,t}(i,j)}{V_s} \tag{2.21}$$

$$\frac{u'_{a,t}(i,j)}{V_s} = \frac{1}{2} \frac{i_{a,t}}{\bar{r}(i) - \bar{r}(j)} \tag{2.22}$$

式中　$u'_{a,t}(i,j)$ —— $r(j)$ 处的 z 个单位强度的螺旋形马蹄涡在 $r(i)$ 处的轴向和周向诱导速度；

$i_{a,t}$ ——轴向和周向诱导因子。

从公式可以看出，C_T、C_P、$u_{a,t}$ 都是 $G(j)$ 的函数，螺旋桨的性能也主要由 $G(j)$ 决定。在螺旋桨的设计问题中，一般要求效率最高，从式（2.17）和式（2.18）可以看出，也就是指在给定推力负荷系数 C_T（或功率负荷系数 C_P）时，C_P 最小（或 C_T 最大），由此可构建辅助函数，由变分法原理求解最佳环量分布。当满足 $C_T(1-t)=C_{T_0}$ 而 C_P 最小时构建的辅助函数为

$$H = C_P + \lambda \left[C_T(1-t) - C_{T_0} \right] \tag{2.23}$$

则满足如下方程的环量分布 $G(i)$ 将使 $C_T(1-t)=C_{T_0}$ 而 C_P 最小。

$$\frac{\partial H}{\partial G(i)} = 0, \quad i = 1, 2, \cdots, M \tag{2.24}$$

$$\frac{\partial H}{\partial \lambda} = 0 \tag{2.25}$$

式中　t ——推力减额；

　　　λ ——拉格朗日（Lagrange）乘数。

根据变分法原理，对式（2.17）、式（2.18）求导可得

$$
\begin{aligned}
&\frac{\bar{r}(i)}{\lambda_s} \Delta \bar{r}(i)[1-w_a(i)]\left[1+\frac{\varepsilon}{\tan\beta_i(i)}\right] + \lambda(1-t)\frac{\bar{r}(i)}{\lambda_s}\Delta\bar{r}(i)[1-\varepsilon\tan\beta_i(i)] + \\
&\frac{1}{\lambda_s}\sum_{j=1}^{M} G(j)\left\{\frac{u_a'(i,j)}{V_s}\bar{r}(i)\Delta\bar{r}(i)\left[1+\frac{\varepsilon}{\tan\beta_i(i)}\right] + \frac{u_a'(j,i)}{V_s}\bar{r}(j)\Delta\bar{r}(j)\left[1+\frac{\varepsilon}{\tan\beta_i(j)}\right]\right\} - \\
&\lambda(1-t)\sum_{j=1}^{M} G(j)\left\{\frac{u_t'(i,j)}{V_s}\Delta\bar{r}(i)[1-\varepsilon\tan\beta_i(i)] + \frac{u_t'(j,i)}{V_s}\Delta\bar{r}(j)[1-\varepsilon\tan\beta_i(j)]\right\} + \\
&\lambda(1-t)\left[\frac{\bar{r}(i)}{\lambda_s} + w_t(j)\right]\Delta\bar{r}(i)[1-\varepsilon\tan\beta_i(i)] = 0
\end{aligned}
\tag{2.26}
$$

$$4Z(1-t)\sum_{j=1}^{M} G(j)\left[\frac{\bar{r}(j)}{\lambda_s} + w_t(j) - \frac{u_t(j)}{V_s}\right][1-\varepsilon\tan\beta_i(j)]\Delta\bar{r}(j) = C_{T_0} \tag{2.27}$$

在式（2.26）、式（2.27）中，Z 为桨叶数，诱导速度 $u_{a,t}(i,j)$、螺距角 $\beta_i(j)$ 皆由

环量决定。因此，给定一组初值 λ_0、$u_{a_0}(j)$ 和 $u_{t_0}(j)$ 后，以上可转化为线性方程组求解，可求解出 $G(i)$，由此可重新算出 $u_{a_0}(j)$ 和 $u_{t_0}(j)$，利用计算出的 $u_{a_0}(j)$、$u_{t_0}(j)$ 和 λ 代入方程重新求解，直至迭代至 λ 收敛。

2.2.3 转子设计原理

流体通过导管的引导，沿泵喷推进器轴向位置流入推进器通道内部，并在通道内输运与发展，最终从导管尾部流出通道。转子叶片的高速旋转加速了通道内流体，根据牛顿第三定律（作用力与反作用力的关系），泵喷推进器便因此产生推力。此外，由于泵喷推进器内部流动是一种较为复杂的三维流动，圆柱层无关性假设被应用于泵喷推进器转子叶片的计算、分析与比较，即对于转子叶片区域，以转子轴线为中心假设有多个不同半径的层状圆柱面，而流体质点就在这些圆柱面上流动、输运与发展，并且流体质点各个相邻圆柱面上的流动是独立互不干扰的，也就是说，对于转子叶片区域，流体质点的流动速度不会沿径向发展，径向速度分量为零。而在实际的转子运行状态中，转子区域内流体往往会呈现湍流的状态，流体质点在各个相邻圆柱面的流动不可能是完全独立的，相互之间必然会产生影响，同时流体质点的径向速度分量也是存在的。但是实际计算与试验结果表明，对于不同设计工况，流体质点沿径向的运动强度较低，径向速度分量极小，甚至达到了在工程上能够忽略不计的程度。因此，依据轴流泵的设计经验与理论，在转子设计时需要做如下假设：

（1）在转子内部流体的流动为平面势流，并且径向速度分量为零。

（2）沿半径的方向上，速度环量的分布为常数。

（3）不存在轴向诱导速度，转子叶片前后的轴向速度 v_m 相等。

流体相对于转子区域的运动是复合运动，如图 2.3 所示，主要包括相对于转子叶片的相对运动、伴随着转子转动的圆周运动以及相对于导管的绝对运动，分别表示为相对速度 w、圆周速度 u 以及绝对速度 v。从图 2.3 中可以看出：相对速度与圆周速度进行矢量叠加便是绝对速度。β 为相对速度与圆周速度之间的夹角。实际上，转子的叶片数均是有限的，流体质点的运动主要包括两大类：流体经过相对不旋转转子叶片的运动与流体经过旋转转子叶片的运动。

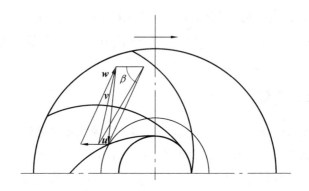

图 2.3 流体在转子中的运动示意图

转子中任一流体质点的速度三角形均由相对速度、圆周速度以及绝对速度三个向量组成。流体质点初始进入转子域时形成的速度三角形称为转子的进口速度三角形，而流体质点将要流出转子域但尚未流出时所形成的速度三角形为转子的出口速度三角形。图 2.4 和图 2.5 分别为转子进、出口速度三角形，进出口边缘的轴向速度用带有下标 m 的速度表示。

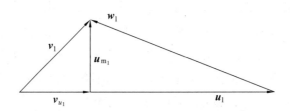

图 2.4 转子进口速度三角形

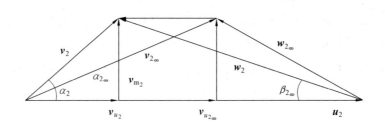

图 2.5 转子出口速度三角形

通过对动量矩定理的推导得出轴流泵的基本方程式，即在单位时间内流体流过转子所获得的动量矩增量，应与作用于该流体的外力矩（转子的力矩）相等。

$$M = Q_t \frac{\rho}{g}(v_{u_2} R_2 - v_{u_1} R_1) \tag{2.28}$$

转子在单位时间内对流体做的功表示为 M_ω，它与单位时间内流体得到的总能量 $\rho H_t Q_t$ 是相等的，从而，泵的基础设计方程为

$$H_t = \frac{u_2 v_{u_2} - u_1 v_{u_1}}{g} \tag{2.29}$$

式中　Q_t——单位时间的流量；

　　　H_t——泵的理论扬程；

　　　g——流体重度；

　　　下角标 1、2——转子进、出口对应的参数。

转子叶片可以看成是由多个翼型断面组成的，翼型及其升力和阻力如图 2.6 所示。翼弦长度用 l 表示，翼展则是 b，二者的比值 $\lambda = b/l$ 称作展弦比。翼弦与来流方向的夹角为冲角，流体流经转子叶片各剖面翼型而出现一个作用力 F_1，可以将这个力 F_1 分解成两个部分：一是来流的升力 F_{L_1}，二是与流方向相同的阻力 F_{D_1}，其表达式分别为

$$F_{L_1} = C_{L_1} \cdot \frac{1}{2} \rho v_\infty^2 A \qquad F_{D_1} = C_{D_1} \cdot \frac{1}{2} \rho v_\infty^2 A \tag{2.30}$$

式中　C_{L_1}——翼型的升力系数；

　　　C_{D_1}——翼型的阻力系数；

　　　ρ——流体密度；

　　　v_∞——无限远处的来流速度；

　　　A——翼型最大投影面积。

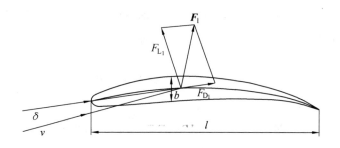

图 2.6 翼型及其升力和阻力

假设存在多个不同半径的同心圆柱，用其中两个相邻半径（半径 r 和 $r+\mathrm{d}r$）的圆柱对转子叶片进行切割，便能够切割出一个流体圆环。之后把得到的流体圆环平展于平面上，便可以得到一个由不同的翼型构成的无限直列叶栅，实际当流体流过叶栅时，升力与阻力会对任意一个翼型起作用。同时由于各个翼型之间不是相互独立而是存在相互影响的，从而造成单一翼型所受的作用力（升力与阻力）与整个叶栅所受到的作用力（升力与阻力）是不相同的。单个翼型所受的升力 F_L 与阻力 F_D 分别为

$$F_\mathrm{L}=C_\mathrm{L}\cdot\frac{1}{2}\rho w_\mathrm{m}^2 A \qquad F_\mathrm{D}=C_\mathrm{D}\cdot\frac{1}{2}\rho w_\mathrm{m}^2 A \qquad (2.31)$$

式中 C_L——单个翼型的升力系数；

  C_D——单个翼型的阻力系数；

  w_m——叶栅前后没有受到作用力影响的那部分流体相对速度的平均值；

  β_m——圆周速度与 w_m 之间的夹角；

  A——翼型的最大投影面积，$A=l\mathrm{d}r$。

叠加所有叶栅翼型上的受力，则得到合力：

$$F=\frac{F_\mathrm{L}}{\cos\lambda}=C_\mathrm{L}\cdot\frac{1}{2}\rho w_\mathrm{m}^2-\frac{l\mathrm{d}r}{\cos\lambda} \qquad (2.32)$$

式中 λ——F_L 与 F 的夹角。

$$\tan\lambda=\frac{F_\mathrm{D}}{F_\mathrm{L}}=\frac{C_\mathrm{D}}{C_\mathrm{L}} \qquad (2.33)$$

通过计算圆周速度 u 与叶片数 Z 以及合力 F 在圆周方向的分量 F_u 三者之间的乘积，得到叶栅所做的功：

$$F_u = F\cos[90° - (\beta_m + \lambda)] = C_L\rho\frac{w_m^2}{2}\frac{ldr}{\cos\lambda}\sin(\beta_m + \lambda) \tag{2.34}$$

$$dP = F_u Zu \tag{2.35}$$

式中　l——桨叶弦长。

其中，水利功率 P 又可以用流量 Q 和理论扬程 H_t 表达，则有

$$dP = dQ\rho gH_t \qquad dQ = v_m Ztdr \tag{2.36}$$

式中　t——相邻叶栅之间的距离。

整理式（2.31）～（2.36），得到轴流泵转子叶栅的计算方程式：

$$C_L = \frac{2gH_t}{w_m^2}\frac{v_m}{u}\frac{\cos\lambda}{\sin(\beta_m + \lambda)} \tag{2.37}$$

通过将所选定的叶栅稠密度 l/t（$\lambda = l/t$）代入式（2.37）来计算叶栅，可先取 $\lambda = 1$，以便算出叶栅翼型的升力系数，之后通过对计算得到的升力系数的多次修正得到翼型的冲角。通过此方式可以得到不同半径处的多个叶栅的几何形状，并结合放样操作确定转子叶片的整体外形。

2.2.4　定子与导管设计原理

由于转子具有加速旋转、流经流体的效果，因此为了尽量减少能量损失，即能够实现旋转运动产生的动能与压力能之间的转化，从而获得额外推力，使效率提升，定子就显得不可或缺。此外，从结构的角度来看，定子还起着支撑连接的作用。

定子的出口边与转子叶片出口边一般是相对平行的，二者之间的距离一般取为（0.05～0.1）D，D 为转子叶片最大直径，假若此距离过小，那么较易造成推进器运行时的不稳定现象；反之，若此距离过大，会造成过多的能量与水力流失。推进器的比转速直接决定着定子的叶片数，比转速的定义是在设计轴流泵时，用一个具有相似特性的模型泵代替轴流泵，通过选取模型的换算法对泵进行设计，算出相似判别值，用 n_s 来表示。较小的比转速意味着定子叶片数目较大；相反，较大的比转

速则意味着定子数目较小，通常来说取 8～12 片。定子叶片数与转子叶片数之间应该互为质数关系。

定子进口处的安放角度与转子出口处流体质点的速度切向分量平行，这也是定子设计的原则，能够使得流体经过转子区域后更为稳定地进入定子区域；而对于定子出口区域，出口安放角应尽量平行于推进器轴向方向，这样能够使流体在流出定子区域时尽可能地沿着推进器中心轴的方向，从而实现部分旋转动能的转化。出口安放角确定起来比较简便，而进口安放角的确定则需要通过设计转子叶片时所得到的转子出口处的速度方向，得到定子叶片的叶栅翼型骨线，随后根据具体设计情况将之前得到的翼型骨线进行加厚以便能够算出定子叶栅，再通过改变半径尺寸得到各个定子叶栅，最后利用放样取得整个定子叶片的外形尺寸。

为了提升推进器的水动力性能以及空化性能（延迟空化现象的出现），一般会用一个套筒将转子与定子整体包裹住，而套筒的纵剖面形状主要包括机翼型以及折角线型，泵喷推进器的导管指的就是这个套筒。转子与定子被导管包裹，从而将泵喷推进器内部流场与外部流场划分开来，形成了推进器内外流场的界定面。假若为导管选取吸声与减振性能较好的材料，便可以更进一步降低泵喷推进器导管内部流场的噪声。导管根据对来流的作用效果可以分为两类：加速型导管以及减速型导管。加速型导管通过加速来流提升推进器的效率，不过导管内部水流速度较高会造成推进器空化特性的下降与噪声的增大。而减速型导管降低了进入内部流场的流体流速，从而提高了推进器的空化与噪声性能，但是也不可避免地降低了推进器的效率。两种类型的导管如图 2.7 所示。

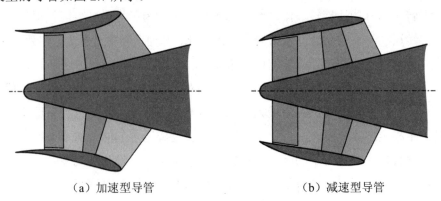

（a）加速型导管   （b）减速型导管

图 2.7　加速型导管及减速型导管

就加速型导管而言，流体通过导管前端后被加速，从而流经转子盘面的流体具有较高的流速，以致转子叶片运行流场整体表现为速度较高，相当于起转子叶片"预加速"的效果，增强了转子旋转加速流体的作用，进而表现为推进器效率的提升。此外，加速型导管在出口处呈现不断扩大的趋势，减小了尾流的收缩效果，从而引起了径向速度分量的降低，因此加速型导管对于推进器效率的提升也是十分有利的。而减速型导管会不可避免地产生负推力，从而使推进器受到的阻力变大，这对提高推进器的效率十分不利。但由于减速型导管的流线形状是逐渐扩张的，所以使得导管内流体的速度下降，整体压力水平较高，利于提升推进器的空化性能。

设计泵喷推进器时，如果为了增大推进器推力、提高推进器的效率，则采用加速型导管；如果想要增大推进器内部流场的压力水平、延迟空化现象的出现、降低推进器整体噪声水平，则采用减速型导管。选取哪种类型的导管需要根据具体的设计需要来确定。利用物理量剖面角度 β_d、拱度分布 f 以及厚度分布 t 可以确定导管剖面，导管剖面坐标分布关系如图 2.8 所示，弦线与轴向之间的夹角即是剖面角度 β_d。

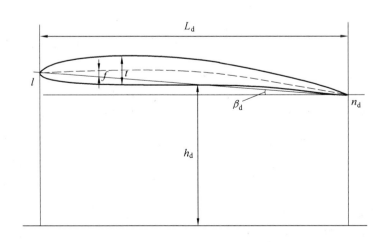

图 2.8　导管剖面坐标分布关系

已知剖面的拱度分布和厚度分布，导管上表面到弦线的距离为 y_u，下表面到弦线的距离为 y_l，具体可以表示为

$$\begin{cases} y_u = f + \dfrac{t}{2} \\ y_1 = f - \dfrac{t}{2} \end{cases} \tag{2.38}$$

导管内壁高度 h_d 为

$$h_d = \frac{D}{2} + \delta_{tip} \tag{2.39}$$

其中，导管内侧和转子叶顶之间的间隙为 δ_{tip}，一般可以设为 $0.01D$。对导管剖面来说，在弦向方向 $x(i)$，通常给出上表面到轴线的距离 $y'_u(i)$ 与下表面到轴线的距离 $y'_1(i)$，或者利用其与拱度分布、厚度分布及剖面角度三者之间的关系进行转化。沿弦线方向，将给出的导管剖面线划分为 n_d 段，从图 2.8 中的关系可以分析出：

$$\beta_d = \arctan \frac{y'_u(l) - y'_u(n_d)}{L_d} \tag{2.40}$$

$$t(i) = y'_u(i) - y'_1(i) \tag{2.41}$$

$$f(i) = y'_1(i) + 0.5t(i) - \left[\frac{y'_u(n_d) - y'_u(l)}{x'(n_d) - x'(l)} (x'(i) - x'(l)) + y'_u(l) \right] \tag{2.42}$$

要区分导管是加速型导管还是减速型导管主要是依据转子盘面处的直径 D_0 与转子进口直径 D_1 之间的比值：若比值大于 1，则该导管属于减速型导管；若比值小于 1，则该导管属于加速型导管。对于泵喷推进器而言，D_1/D_0 一般取 $1.1 \sim 1.2$，而导管厚度与导管长度的比值在 $0.06 \sim 0.07$ 之间选取。由图 2.8 可得，拱度与 D_1/D_0 为正比关系，增大拱度即增强了减速型导管的减速能力。在进行泵喷推进器结构设计时，导管的选取可以预先假设一个，之后算出所选取导管的相关设计参数，例如拱度分布、厚度分布等，再通过分析转子叶片是否满足空化条件来修正所选取的导管，导管拱度倍数 f_k 可以直接用来修正导管拱度，于是设计导管的实际拱度可以表示为 $f_d = f_k \times f$，若转子叶片未能满足空化条件，那么就应适当提升 f_k。实际设计过程中，单次的 f_k 提升量应该提前设定好。为了便于后续计算迭代，在开始导管设计之前，将拱度较小的导管剖面选定为初始值是较好的方式。

泵喷推进器整体结构十分紧密,其包括多个部件,受推进器尺寸的限制,转(定)子及导管等部件之间配合也十分紧密。泵喷推进器转子叶片的形状与尺寸等数据都是提前通过计算得出的。为了保证泵喷推进器的设计质量和各项性能,转(定)子叶片设计尺寸参数不可任意改变,因此,泵喷推进器的其他构件在设计时应该尽可能地配合转(定)子。对于泵喷推进器的主轴来说,其设计应该满足国标对轴承的要求,并且与转(定)子的尺寸相匹配。泵喷推进器的导管可以对转子入口处的流体速度与压力进行有效干预,并且对于导管的前端部分,也就是进水位置的设计应当与推进器转(定)子部分严格匹配,所以导管进水位置处的结构应当与来流速度相切,并且该处的流线应尽可能地光滑、平顺,从而降低能量损失。泵喷推进器除转(定)子部分外的其他结构在设计时应该尽量地满足推进器推进部分的需求,同时在保证导管尺寸的前提下尽可能地降低通道内的能量损失。

2.3   泵喷推进器转子叶片设计

2.3.1   转子叶片外形设计

根据轴流泵的相关设计方法,对于转子叶片,其设计方法主要包括升力法、圆弧法以及奇点分布法。

(1)升力法。单翼型具有绕流的特性,依据此特性并结合试验数据对设计叶片完成合理修正的方法即为升力法。此方法对于试验数据的依赖程度较高,属于一种半理论半经验的方法。若积累了一定的相关试验数据,那么该方法既简便又能很好地满足设计需求。

(2)圆弧法(圆弧骨线奇点积分法)。转子叶片的翼型叶栅被厚度为无限薄的叶栅所代替,该叶栅翼型通常为圆弧状,同时利用该叶栅绕流的积分方程进行计算,从而得出转子叶片设计数据的方法即为圆弧法。然而该方法具有一定的局限性:计算对象只能是圆弧形叶栅,对于翼型的速度及压力的特性与分布则无能为力;需要对圆弧叶栅在骨线上的部分进行转变,使其转变为具有一定厚度的翼型叶栅,而此转变过程需要多次复杂的修正才能最终达到改变翼型后流体动力不变的效果。

（3）奇点分布法。基于理想流体绕流叶栅积分方程式，利用翼栅拱线上连续分布的奇点系列（如漩涡、源、汇等）去取代翼栅与流体之间的相互作用，并且通过计算得出速度场的流体动力特性，进而得出需要的翼栅的方法为奇点分布法。该方法对于翼栅表面各点的速度与压力特性具有较为精准的监测与计算功能，但是这种方法需要很强的计算能力，计算周期较长，所以其使用范围小。

以上几种方法中，升力法这一设计方法比较完善，也是现今在转子叶片设计中首先考虑使用的方法，应用范围最广。此设计方法计算公式较为简单，计算周期较短，并且已有许多利用此方法成功完成设计的先例。基于此，本书采用升力法对泵喷推进器的转子进行设计。

2.3.2 转子结构参数选取

1. 转子直径 D

转子直径 D 通常是由轴面速度来决定的，假若没有合理地选择轴面速度，那么容易造成得出的转子安放角不合理，增加了翼型选取的难度。为了保证转子安放角度达到最佳，根据下面的公式来确定转子进口前的轴面速度 v_m：

$$v_m = (0.06 \sim 0.08)\sqrt[3]{n^2 Q} \tag{2.43}$$

式中　n——转子的转速。

比转速的取值大小决定着式中的系数。若比转速较小，则系数取小值；反之，系数取大值。

基于流体连续性的特性，假设转子对流体没有挤压作用，则转子区域内的轴面速度为

$$v_m = \frac{4Q}{\pi D^2 \left(1 - \left(\dfrac{d_h}{D}\right)^2\right)} \tag{2.44}$$

式中　D——转子直径；

　　　d_h——桨毂直径；

　　　$\dfrac{d_h}{D}$——桨毂比。

则由式（2.43）和式（2.44）得

$$D = (4.0 \sim 4.9) \sqrt{\dfrac{1}{1 - \left(\dfrac{d_{\mathrm{h}}}{D}\right)^2}} \sqrt[3]{\dfrac{Q}{n}} \tag{2.45}$$

2. 桨毂比 d_{h} / D

桨毂比 d_{h} / D 根据比转速进行取值，一般根据桨毂比与比转速之间的关系图完成选取。若比转速较低，则转子桨毂比取大些；反之，桨毂比取小些。

3. 转子叶片数 Z

根据比转速选取转子叶片数 Z，一般叶片数 $Z = 4 \sim 9$，高比转速则选取少叶片数，低比转速则选取多叶片数。比转速 n_{s}=500～800，则叶片数可取 6～9 个；比转速 n_{s}=800～900，则叶片数选取 4 个；比转速 n_{s}>900，则叶片数选取 3 个。

2.3.3　基于升力法的转子叶片设计

利用升力法对转子进行设计时，通常需要确定的基本参数包括：

（1）流量 Q。

（2）比转速 n_{s}。

（3）桨毂比 d_{h} / D。

（4）叶片数 Z；

（5）转子外径 D 和桨毂直径 d_{h}。

（6）叶栅稠密度 l / t 及弦长 l。

（7）翼型的相对厚度 $y_{\max} / l$ 及最大厚度 $y_{\max}$。

（8）翼型的厚度分布 h_0。

（9）翼型安放角 β_{e}。

叶片升力法的设计步骤：

（1）决定轴流泵的转速 n 和比转速 n_{s}。

（2）决定转子的桨毂比 d_{h} / D 和叶片数 Z。

（3）计算转子外径 D 及桨毂直径 d_{h}。

（4）计算环量 Γ。

（5）选择翼型并决定各叶栅内翼型的相对厚度 y_{max}/l 及最大厚度 y_{max}。

（6）根据线性关系求转子各叶面的翼型厚度分布 h_0。

根据以下泵喷推进器设计的技术要求，详细展开基于升力法的转子叶片设计。有功功率 $P=30$ kW，转速 $n=3\,200$ r/min，扬程暂取为 $H=13.5$ m。

1. 确定设计功率 P_d 以及算出电机功率 P_e

对于设计工况，泵的输入功率（有功功率）P（kW）：

$$P = \frac{Q\rho gH}{1\,000\eta} \tag{2.46}$$

式中 η——泵的总效率。

将 $P=30$ kW，$n=3\,200$ r/min，$H=13.5$ m 代入式（2.46），并假定 $\eta=0.78$，计算得流量 $Q\approx0.176\,9$ m³/s。

当泵的工况发生变化时，相应的功率也会随之改变。若流量降低，相应地要增大泵的功率，因此泵的设计功率 P_d 选取为

$$P_d = 1.2P \tag{2.47}$$

根据泵的设计功率 P_d，确定电机的设计功率 P_e，要求 $P_e \geqslant P_d$，即

$$P_e \geqslant 1.2P \tag{2.48}$$

2. 由流量 Q、扬程 H、转速 n 确定比转速 n_s

比转速 n_s 由下式确定：

$$n_s = \frac{3.65n\sqrt{Q}}{H^{3/4}} = \frac{3.65\times3\,200\times\sqrt{0.176\,9}}{13.5^{3/4}} \approx 697.5 \tag{2.49}$$

根据积累经验数据，比转速 $n_s=700\sim800$ 是最理想的，这时效率比较高。故根据式（2.49），调整扬程 $H=13.3$ m，计算得 $n_s=710.6$，能够较好地满足要求。所以，确定 $n_s=710.6$，$H=13.3$ m，$Q=0.179\,5$ m³/s。

3. 根据比转速 n_s 选定叶片数 Z

因 n_s=710.6 属低比转速，为减少水力损失，应适当增多叶片数。比转速与叶片数关系见表 2.1，故本书选定转子叶片数 $Z = 9$。

表 2.1　比转速与叶片数关系

比转速	<500	500~800	>800
叶片数	4	6~9	3~4

4. 计算转子外径 D 及桨毂直径 d_h

假定容积效率 $\eta_V = 0.95$，求得转子计算流量 Q_i：

$$Q_i = \frac{Q}{\eta_V} = \frac{0.179\,5}{0.95} \approx 0.188\,9 \ (\mathrm{m^3 \, / \, s}) \tag{2.50}$$

轴面速度 v_m 根据式（2.44）可以算出，本书设计的泵为低比转速，故系数取小值 0.06，轴面速度 v_m 为

$$v_m = 0.06 \times \sqrt[3]{Q_i n^2} = 0.06 \times \sqrt[3]{0.188\,9 \times 3\,200^2} \approx 7.476 \ (\mathrm{m \, / \, s}) \tag{2.51}$$

由式（2.45）得

$$D = (4.0 \sim 4.9)\sqrt{\frac{1}{1 - \left(\dfrac{d_h}{D}\right)^2}} \sqrt[3]{\frac{Q_i}{n}} = 4.9\sqrt{\frac{1}{1 - 0.58^2}} \times \sqrt[3]{\frac{0.188\,9}{3\,200}} \approx 0.234\,2 \ (\mathrm{m}) \tag{2.52}$$

修正后取 $D = 0.24$ m，则有

$$d_h = \frac{d_h}{D}D = 0.24 \times 0.58 = 0.139\,2 \ (\mathrm{m}) \tag{2.53}$$

修正后取 d_h=0.14 m。

5. 计算环量 Γ

由 $\eta_h = \sqrt{\eta} - 0.02$ 得水力效率 η_h：

$$\eta_h = \sqrt{0.78} - 0.02 \approx 0.863 \tag{2.54}$$

理论扬程 H_t：

$$H_t = \frac{H}{\eta_h} = \frac{13.3}{0.863} \approx 15.411 \,(\text{m}) \tag{2.55}$$

角速度 ω：

$$\omega = \frac{\pi n}{30} = \frac{\pi \times 3\,200}{30} \approx 335.1 \,(\text{rad}/\text{s}) \tag{2.56}$$

总环量 Γ：

$$\Gamma = \frac{2\pi g H_t}{\omega} \approx \frac{2 \times 3.14 \times 9.81 \times 15.411}{335.1} \approx 2.833 \,(\text{m}^2/\text{s}) \tag{2.57}$$

6. 计算 $r = \dfrac{0.14}{2} = 0.07$ m（桨毂）处叶栅的 u、w_∞ 及 β_∞

圆周速度 u：

$$u = \omega r = 335.1 \times 0.07 \approx 23.457 \,(\text{m}/\text{s}) \tag{2.58}$$

转子流出口绝对速度的圆周分量 v_{u_2}：

$$v_{u_2} = \frac{\Gamma}{2\pi r} \approx \frac{2.833}{2 \times 3.14 \times 0.07} \approx 6.444 \,(\text{m}/\text{s}) \tag{2.59}$$

转子进、出口相对速度的几何平均值 w_∞ 可以从图 2.5 推得（注意：图中 $v_{u_1}=0$）

$$w_\infty = \sqrt{v_m^2 + \left(u - \frac{v_{u_2}}{2}\right)^2} = \sqrt{7.467^2 + \left(23.457 - \frac{6.444}{2}\right)^2} \approx 21.567 \,(\text{m}/\text{s}) \tag{2.60}$$

$$\tan \beta_{\infty} = \frac{v_{m}}{u - \dfrac{v_{u_2}}{2}} = \frac{7.467}{23.457 - \dfrac{6.444}{2}} \approx 0.369\,0 \qquad (2.61)$$

$$\beta_{\infty} = 20.06^{\circ} = 20^{\circ}15' \qquad (2.62)$$

7. 选取叶栅稠密度 l/t 与弦长 l

叶栅稠密度 l/t 指的是某半径处的弦长 l 与叶栅栅距 t 之间的比值，用来反映叶片总面积。其中，叶栅栅距 $t = \dfrac{2\pi r}{Z}$。

l/t 较小，则叶片总面积较小，受摩擦的面积也较小，利于提高推进器的效率。但是，l/t 较小会引起叶片吸力面与压力面之间的压力差较大，从而造成片空化性能的下降；相反，若 l/t 较大，则会引起较高的水力损失，从而对推进器效率不利。所以，l/t 的选取应该结合推进器效率和空化性能的要求进行综合考虑。

（1）转子叶顶处 l/t 的确定。

①根据巴比尔的转子叶顶 l/t 与扬程系数 K_H 的关系曲线选取转子叶顶处的 l/t。

扬程系数 K_H:

$$K_H = \frac{H}{n^2 D^2} = \frac{13.3}{\left(\dfrac{3\,200}{60}\right)^2 \times 0.24^2} \approx 0.081\,3 \qquad (2.63)$$

②参考巴比尔的转子叶顶 l/t 与扬程系数 K_H 的关系曲线图（图 2.9），得

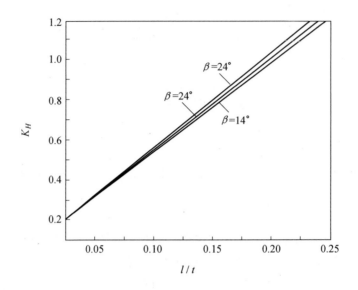

图 2.9 叶顶 l/t 与扬程系数 K_H 的关系曲线

得

$$\frac{l}{t} = 0.5 \tag{2.64}$$

转子叶顶处 l/t 一般取图表值的 1.2～1.4 倍，本书暂取 1.3 倍，所以叶顶处 l/t 为 0.65。

（2）转子桨毂处 l/t 的确定。

①转子桨毂处 l/t 应适当增大，通常为转子顶部叶栅稠密度的 1.3～1.5 倍，本书暂取 1.5 倍，则相应桨毂处的 l/t 为

$$\frac{l}{t} = 1.5 \times 0.65 = 0.975 \tag{2.65}$$

②在确定转子桨毂和叶顶的叶栅稠密度后，根据叶栅稠密度 l/t 与半径 r 的线性关系，其余各半径处 l/t 的具体计算结果见表 2.2。

表 2.2　各半径处 l/t 的具体计算结果

r/mm	70	77	84	91	98	105	112	120
l/t	0.975	0.405	0.39	0.375	0.36	0.345	0.33	0.5

（3）翼型弦长 l 的计算。

①在桨毂处：

$$\frac{l}{t} = \frac{l}{\dfrac{2\pi r}{Z}} \approx 0.975 \tag{2.66}$$

$$l = 0.975 \times \frac{2\pi r}{Z} \approx 0.975 \times \frac{2 \times 3.14 \times 0.07}{9} \approx 0.047\,6\,(\text{m}) \tag{2.67}$$

②在叶顶处：

$$\frac{l}{t} = \frac{l}{\dfrac{2\pi r}{Z}} \approx 0.5 \tag{2.68}$$

$$l = 0.5 \times \frac{2\pi r}{Z} \approx 0.5 \times \frac{2 \times 3.14 \times 0.24}{9} \approx 0.083\,7\,(\text{m}) \tag{2.69}$$

8. 选择翼型并决定叶栅内翼型的相对厚度 y_{max}/l 及最大厚度 y_{max}

轴流泵设计中用到的翼型主要包括由航空翼算出的翼型和由水洞试验数据算出的翼型，二者各有优缺点。由航空翼算出的翼型在性能与效率方面较有优势，但其空化性能较差；由水洞试验数据算出的翼型具有较为优良的空化性能，但其效率相对较低。使推进器具有更高的效率是选取翼型时最根本的原则。基于转子设计方法，叶栅效率可表示为

$$\eta = 1 - \frac{w_m}{u} \cdot \frac{\sin\lambda}{\sin(\beta_m + \lambda)} \tag{2.70}$$

λ 为合力与升力的夹角，由式（2.70）可得，其值越小，可得到的叶栅效率越高。为了使叶栅具有较高的效率，设计时冲角应从最高升阻比区中选取，叶栅的半径与

流量越高，其效率越容易对转子效率产生影响。所以，应当从最高升阻比区中为转子外缘翼型选取冲角，而桨毂处附近翼型的冲角则可以适当减小。

由于 NACA6612 翼型升力系数的选取范围较大，所以本书选取该翼型作为转子叶栅翼型。NACA 翼型系列由美国国家航空航天局提出，经过大量的试验，各种流体动力参数较为完善，可靠性较高。NACA 翼型的坐标也是按弦长的百分数给出的，NACA 翼型几何结构如图 2.10 所示。NACA6612 翼型的 4 位数字中，第一位数字代表该翼型的最大弯度占弦长的十分数，第二位数字是最大弯处所在位置占弦长的十分数，第三位数字和第四位数字是最大厚度占弦长的百分数。NACA6612 翼型坐标见表 2.3，L 为弦向相对位置，h 为上弦线到翼型前后缘连线的相对距离，b 为下弦线到翼型前后缘连线的相对距离。

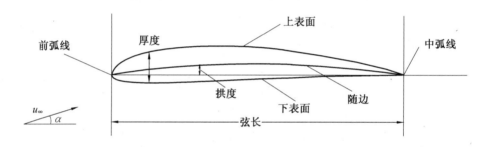

图 2.10　NACA 翼型几何结构图

表 2.3　NACA 6612 翼型坐标

L/%	0	1.25	2.5	5	7.5	10	15	20	25
h/%	—	2.45	3.41	4.78	5.84	6.70	8.11	9.17	9.95
b/%	0	-1.43	-1.94	-2.47	-2.70	-2.78	-2.89	-2.41	-2.00
L/%	30	40	50	60	70	80	90	95	100
h/%	10.51	11.14	11.13	10.56	9.33	7.19	4.16	2.28	—
b/%	-1.51	-0.49	0.53	1.44	1.98	1.90	1.19	0.60	—

选取翼型相对厚度 y_{max}/l：

①对于转子叶顶处的翼型，其最大厚度为 y_{max}，y_{max}/l 一般取 0.02～0.03，在此先取 0.02，得

$$y_{max} = 0.03l = 0.03 \times 0.083\ 7 = 0.002\ 511 \text{ (m)} \tag{2.71}$$

修正，取 y_{max}=0.002 6 m。

②转子桨毂处的相对厚度 y_{max}/l 一般取 0.12～0.15，在此先取 0.15，得

$$y_{max} = 0.15l = 0.15 \times 0.054\ 5 = 0.008\ 175 \text{ (m)} \tag{2.72}$$

修正，取 y_{max}=0.008 5 m。

根据翼型厚度与半径的线性关系，转子叶顶和桨毂处两叶栅之间其他半径处的翼型最大厚度 y_{max} 的计算结果见表 2.4。

表 2.4　各切面处的翼型最大厚度 y_{max} 的计算结果

r/mm	70	77	84	91	98	105	112	120
y_{max}/mm	8.5	7.67	6.85	6.02	5.20	4.37	3.54	2.6

9. 转子不同半径处的翼型厚度分布

完成不同切面翼型最大厚度 y_{max} 的选取工作后，就能够算得不同转子切面处所对应的叶栅翼型厚度分布规律。

各切面处的翼型最大厚度分布见表 2.4，不同半径处的实际翼型最大厚度为 y_{max}，为了与其区分开来，NACA6612 翼型的最大厚度选用 y 表示。y_{max}/y 表示 NACA6612 翼型的缩放系数。转子各切面处的翼型型值缩放系数 y_{max}/y 取值见表 2.5。

表 2.5　各切面处的翼型型值缩放系数 y_{max}/y 取值

r/mm	70	77	84	91	98	105	112	120
y_{max}/y	0.71	0.64	0.57	0.50	0.43	0.36	0.29	0.22

将表 2.3 中 NACA6612 翼型的各个值分别与上表的缩放系数 y_{max}/y 相乘，即可得到各切面处叶栅翼型厚度分布坐标，见表 2.6。

表2.6 各切面处叶栅翼型厚度分布坐标

r/mm	70		77		84		91	
L/%	h/%	b/%	h/%	b/%	h/%	b/%	h/%	b/%
0.00	—	—	—	—	—	—	—	—
1.25	1.73	−1.01	1.56	−0.91	1.40	−0.81	1.23	−0.72
2.50	2.41	−1.37	2.18	−1.24	1.94	−1.11	1.71	−0.97
5.00	3.38	−1.75	3.05	−1.58	2.72	−1.41	2.39	−1.24
7.50	4.13	−1.91	3.73	−1.72	3.33	−1.54	2.93	−1.35
10.00	4.74	−1.97	4.28	−1.77	3.82	−1.58	3.36	−1.39
15.00	5.74	−2.04	5.18	−1.84	4.62	−1.65	4.06	−1.45
20.00	6.49	−1.70	5.85	−1.54	5.22	−1.37	4.59	−1.21
25.00	7.04	−1.41	6.35	−1.28	5.67	−1.14	4.98	−1.00
30.00	7.43	−1.07	6.71	−0.96	5.99	−0.86	5.27	−0.76
40.00	7.88	−0.35	7.11	−0.31	6.35	−0.28	5.58	−0.25
50.00	7.87	0.37	7.11	0.34	6.34	0.30	5.58	0.27
60.00	7.47	1.02	6.74	0.92	6.02	0.82	5.29	0.72
70.00	6.60	1.40	5.96	1.26	5.32	1.13	4.67	0.99
80.00	5.08	1.34	4.59	1.21	4.10	1.08	3.60	0.95
90.00	2.94	0.84	2.66	0.76	2.37	0.68	2.08	0.60
95.00	1.61	0.42	1.46	0.38	1.30	0.34	1.14	0.30
100.00	—	—	—	—	—	—	—	—

续表 2.6

r/mm	98		105		112		120	
L/%	h/%	b/%	h/%	b/%	h/%	b/%	h/%	b/%
0.00	—	—	—	—	—	—	—	—
1.25	1.06	−0.62	0.89	−0.52	0.72	−0.42	0.53	−0.31
2.50	1.47	−0.84	1.24	−0.71	1.01	−0.57	0.74	−0.42
5.00	2.07	−1.07	1.74	−0.90	1.41	−0.73	1.03	−0.53
7.50	2.52	−1.17	2.12	−0.98	1.72	−0.80	1.26	−-0.58
10.00	2.90	−1.20	2.44	−1.01	1.98	−0.82	1.45	−0.60
15.00	3.51	−1.25	2.95	−1.05	2.39	−0.85	1.75	−0.63
20.00	3.96	−1.04	3.33	−0.88	2.70	−0.71	1.98	−0.52
25.00	4.30	−0.86	3.62	−0.73	2.93	−0.59	2.15	−0.43
30.00	4.54	−0.65	3.82	−0.55	3.10	−0.45	2.27	−0.33
40.00	4.82	−0.21	4.05	−0.18	3.28	−0.14	2.41	−0.11
50.00	4.81	0.23	4.05	0.19	3.28	0.16	2.41	0.11
60.00	4.57	0.62	3.84	0.52	3.11	0.42	2.28	0.31
70.00	4.03	0.86	3.39	0.72	2.75	0.58	2.02	0.43
80.00	3.11	0.82	2.61	0.69	2.12	0.56	1.56	0.41
90.00	1.80	0.51	1.51	0.43	1.23	0.35	0.90	0.26
95.00	0.99	0.26	0.83	0.22	0.67	0.18	0.49	0.13
100.00	—	—	—	—	—	—	—	—

10. 转子轮毂处叶栅的能量计算

为了区别不同，一般将单个的翼型称为单翼型，而将叶栅内的翼型称为栅内翼型。利用升力法进行转子设计时，默认各个叶栅翼型之间是彼此独立的，同时选取的试验数据的对象是单翼型，但是单翼型的绕流特性与叶栅的绕流特性是有区别的。

所以，只有修正栅内叶栅的升力系数 C_{y_1} 才能得到适合单一翼型的升力系数 C_y，修正公式如下：

$$C_y = mLC_{y_1} \tag{2.73}$$

式中　C_y——栅内翼型升力系数；

　　　C_{y_1}——单翼型升力系数；

　　　L——修正系数；

　　　m——校正系数。

其中

$$m = 0.042 \times \frac{y_{max}}{l} \times 100 + 0.71 \tag{2.74}$$

　　式（2.74）适用于 l/t 在 0.86～0.95 之间的情况，超过此范围则认为 $m=1$。

　　预先假定 $\lambda = 1°$，计算出桨毂处 C_y 的值：

$$C_y = 2 \times \frac{v_{u_2}}{w_\infty} \frac{1}{1 + \frac{\tan\lambda}{\tan\beta_\infty}} \frac{t}{l} = 2 \times \frac{6.017}{21.769} \times \frac{1}{1 + \frac{\tan 1°}{0.365\,2}} \times \frac{1}{0.975} = 0.567 \tag{2.75}$$

　　先取安放角 $\beta_e = \beta_\infty + \Delta\alpha \approx \beta_\infty + (2° \sim 3°)$，求得修正系数：

$$L = 0.93 \tag{2.76}$$

桨毂处 $l/t = 0.84$，故取 $m=1$，由式（2.73）得

$$C_{y_1} = \frac{C_y}{mL} = \frac{0.567}{1 \times 1.45} \approx 0.391 \tag{2.77}$$

　　由 C_{y_1} 可算得攻角 $\Delta\alpha$：

$$\Delta\alpha = 1.5° = 1°30' \tag{2.78}$$

于是由 $\beta_e = \beta_\infty + \Delta\alpha$ 计算得翼型安放角 β_e：

$$\beta_e = 20°10 + 1°30' = 21°40' \tag{2.79}$$

利用相同的计算方法得到其他半径处的安放角 β_e。至此，转子不同设计参数的计算均已完成，便能够使用这些参数完成转子三维模型的搭建。

2.4　泵喷推进器定子叶片设计

2.4.1　定子的设计原则与方法

定子叶片数 Z_d 的选择：一方面，由比转速 n_s 决定，即若 n_s 大，则定子叶片数取小些；若 n_s 小，则定子叶片数取稍大些。转子叶片数与定子叶片数要互质。另一方面，定子叶片数要能足够支撑整个泵喷推进器其他部件。

定子的设计方法包括修正系数法、升力法以及流线法。定子设计的升力法与转子设计的升力法相同，在此不再赘述。

流线法具体指的是：定子的叶栅被无限薄叶栅所取代，该叶栅通常为圆弧状，并且结合图表查询的方法完成定子叶片的设计。该方法的特点是对于设计经验积累程度的要求较低，并且设计参数的给定较为容易。但是该方法在设计时默认定子入口处的叶片厚度与速度剖面是恒定不变的，造成了定子叶片入口处速度计算不够精确。修正系数法则认为定子入口处的叶片厚度与速度剖面二者的变化会对入口速度产生直接作用，可以更好地描述定子入口来流的方向，进而能够更好地修正定子的入口角，因此本书选取修正系数法对定子进行设计。

2.4.2　基于修正系数法的定子设计

定子的主要设计参数：

（1）定子叶栅稠密度 l_k/t_k、定子弦长 l_k。

（2）定子进口安放角 α_3 与出口安放角 α_4。

（3）定子叶片的轴向长度 e_k 以及定子的翼型厚度分布。

（4）翼型骨线的圆弧半径 R_k。

图 2.11 给出了定子设计各参数的几何关系。

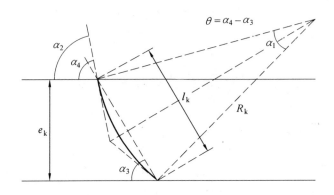

图 2.11 定子设计各参数的几何关系

1. 定子叶栅稠密度 l_k/t_k

定子叶栅稠密度的定义与转子叶栅稠密度的定义相似，也是叶弦长度 l_k 与相应的定子栅距 t_k 之间的比值 l_k/t_k，其中任意半径处的定子栅距为

$$t_k = \frac{2\pi r}{Z_d}$$

l_k 越小，叶片与流体之间相互摩擦造成的能量消耗越小。然而 l_k 太小会降低进流的稳定性，无法达到无脱离要求。因此必须在达到无脱离要求的条件下选择最小定子叶栅稠密度。本书的定子叶栅稠密度通过允许扩散角 ε^* 计算，为了避免出现脱离现象，必须保证算出的实际流道扩散角低于允许值。

定子叶片的作用主要是吸收转子域来流中的一部分旋转动能并将其转化为推力，因此定子叶片出口处切向速度分量的方向应与推进器的中心轴平行，即定子的出口角 $\alpha_4 = 90°$。为了避免出现冲击现象，将定子的入口角近似为

$$\alpha_3' = \arctan\left(v_m / v_{u_3}\right)$$

式中　v_m——定子的轴向速度；

　　　v_{u_3}——切向速度分量（设定子不同半径的取值等于转子各切面半径值，因此 v_{u_3} 就是转子出口处的切向速度 v_{u_2}）。

具体计算公式为

$$\tan\frac{\varepsilon}{2} = \frac{t_k - t_k\sin\alpha_3}{2l_k} \tag{2.80}$$

$$\frac{l_k}{t_k} = \frac{1-\sin\alpha_3}{2}\tan\frac{\varepsilon}{2} \tag{2.81}$$

式中　$t_k\sin\alpha_3$——定子入口处相邻叶片的流道宽度；

t_k——出口处的流道宽度，与定子栅距相等；

ε——流道扩散角。

允许扩散角 ε^* 为 ε 的最大临界值。允许扩散角 ε^* 通常在 6°～10° 之间进行选取，由于本书设计的比转速较小，故各计算半径处的流道扩散角取为 $\varepsilon = 8°$（高比转速取小值，低比转速取大值），只需确定定子的进口安放角 α_3，就可以通过式（2.81）得到满足无脱离条件的 l_k/t_k 的最小值和弦长。

2. 定子进口安放角 α_3 和出口安放角 α_4

（1）计算定子进口安放角 α_3。

根据修正系数法，需要对定子叶片的进口安放角进行适当修正，本书引入收缩系数和入口排挤系数，从而达到叶片的无冲击要求，进而完成对泵喷推进器定子的设计。

定子区域内流体会受到流体黏性、流道壁面摩擦以及叶栅等复杂因素的作用，对定子进口安放角 α_3 的修正可以有效地避免冲击现象的出现，因此在设计过程中引入一个经验系数——收缩系数 k_3，一般的取值范围在 1.0～1.1 之间，收缩系数的取值随比转速的增大而减小。由于本书设计的比转速为 $n_s=710.6$，所以收缩系数的取值略小于一般经验值，各计算半径处的 k_3 取值见表 2.7。

表 2.7　各计算半径处的 k_3 取值

r/mm	70	77	84	91	98	105	112	120
k_3	1.007	1.006	1.005	1.004	1.003	1.002	1.001	1.000

有限厚度的叶片相对于无限薄的叶片，其流体流经的区域较小，会引起流体轴向速度的提高，从而使定子进口角 α_3 受到一定程度的影响，因此排挤系数 $\varphi_3(r)$ 被引入。

$$\varphi_3(r) = \frac{t_k}{t_k - s_{u_3}}$$ (2.82)

式中　t_k——半径 r 圆周上的叶栅栅距；

　　　s_{u_3}——定子进口处圆周方向的厚度，其定义为

$$s_{u_3} = \frac{s_3}{\sin \alpha_3'}$$ (2.83)

其中　s_3——进口处叶栅翼型的实际厚度。

本书选取 NACA4506 翼型，s_3 通常为 s_{max} 的二分之一，即

$$s_3 = \frac{s_{max}}{2}$$ (2.84)

因此，定子进口安放角的修正公式修改为

$$\tan \alpha_3 = k_3 \varphi_3(r) \tan \alpha_3'$$ (2.85)

本书采用逐次逼近法对定子进口安放角 α_3 进行计算。当下一次计算得到的 α_3 与前一次计算得到的 α_3 二者之间相差极小甚至相等时便可以停止迭代，将最近一次 α_3 值作为设计值，通常来说，完成 2、3 次修正后即可满足要求。

各半径叶元的最大厚度取为 $s_{max}=5$，则桨毂处 $r=70$ mm 位置的进口安放角的具体计算如下。

第一次近似值：

$$\alpha_3' = \arctan\left(\frac{v_m}{v_{u_2}}\right) = \arctan\left(\frac{7.467}{6.017}\right) \approx 0.893 \text{ rad}$$ (2.86)

将式（2.85）代入式（2.86）得第一次修正值 α_3：

$$\alpha_3 = 0.94 \text{ rad}$$ (2.87)

将 0.79 rad 作为 α_3' 的值再次代入式（2.87）得第二次修正值 α_3：

$$\alpha_3 = 0.98 \text{ rad} = 56.02°$$ (2.88)

在此，α_3 取 46.40° 即可满足要求。

其他各叶元处定子进口安放角计算见表 2.8。

表 2.8　各叶元处定子进口安放角计算

变量	数值			
r/mm	70	77	84	91
$v_{m}/(\text{m}\cdot\text{s}^{-1})$	7.467			
$v_{u_3}=v_{u_2}/(\text{m}\cdot\text{s}^{-1})$	6.017	5.470	5.014	4.628
$\tan\alpha_3'=v_{m}/v_{u_3}$	1.241	1.365	1.489	1.613
第一次近似值 α_3'/rad	0.89	0.94	0.98	1.02
$s_{u_3}=2/\sin\alpha_3'$	3.211	3.099	3.011	2.941
$t_{k}=\dfrac{2\pi r}{9}/\text{mm}$	39.98	43.98	47.98	51.98
$\varphi_3(r)=\dfrac{t_{k}}{t_{k}-s_{u_3}}$	1.087	1.076	1.067	1.060
k_3	1.007	1.006	1.005	1.004
$\tan\alpha_3=k_3\varphi_3(r)\tan\alpha_3'$	1.359	1.477	1.597	1.717
第一次修正值 α_3/rad	0.94	0.98	1.01	1.04
$s_{u_3}=2/\sin\alpha_3'$	3.104	3.019	2.950	2.893
$t_{k}=\dfrac{2\pi r}{9}/\text{mm}$	39.98	43.98	47.98	51.98
$\varphi_3(r)=\dfrac{t_{k}}{t_{k}-s_{u_3}}$	1.084	1.074	1.066	1.059
k_3	1.007	1.006	1.005	1.004
$\tan\alpha_3=k_3\varphi_3(r)\tan\alpha_3'$	1.483	1.596	1.710	1.825
第二次修正值 α_3/rad	0.98	1.01	1.04	1.07
$\alpha_3/(\degree)$	56.02	57.93	59.68	61.28
变量	数值			
r/mm	98	105	112	120
$v_{m}/(\text{m}\cdot\text{s}^{-1})$	7.467			
$v_{u_3}=v_{u_2}/(\text{m}\cdot\text{s}^{-1})$	4.298	4.011	3.761	3.510
$\tan\alpha_3'=v_{m}/v_{u_3}$	1.737	1.861	1.986	2.127

续表2.8

变量	数值			
第一次近似值 α_3' / rad	1.05	1.08	1.10	1.13
$s_{u_3} = 2 / \sin\alpha_3'$	2.885	2.838	2.799	2.762
$t_k = \dfrac{2\pi r}{9}$ / mm	55.98	59.98	63.97	68.54
$\varphi_3(r) = \dfrac{t_k}{t_k - s_{u_3}}$	1.054	1.050	1.046	1.042
k_3	1.003	1.002	1.001	1.000
$\tan\alpha_3 = k_3\varphi_3(r)\tan\alpha_3'$	1.837	1.958	2.079	2.217
第一次修正值 α_3 / rad	1.07	1.10	1.12	1.15
$s_{u_3} = 2 / \sin\alpha_3'$	2.846	2.807	2.774	2.743
$t_k = \dfrac{2\pi r}{9}$ / mm	55.98	59.98	63.97	68.54
$\varphi_3(r) = \dfrac{t_k}{t_k - s_{u_3}}$	1.054	1.049	1.045	1.042
k_3	1.003	1.002	1.001	1.000
$\tan\alpha_3 = k_3\varphi_3(r)\tan\alpha_3'$	1.941	2.058	2.175	2.309
第二次修正值 α_3 / rad	1.10	1.12	1.14	1.16
α_3 / (°)	62.75	64.09	65.31	66.58

确定了 α_3，即可计算计算 l_k/t_k 和对应的 l_k，半径 $r = 70$ mm 处的 l_k/t_k 和 l_k 可通过式（2.89）和式（2.90）计算：

把 $\alpha_3 = 56.02°$ 代入式（2.81），得

$$l_k / t_k = \frac{1 - \sin\alpha_3}{2}\tan\frac{8°}{2} = 1.2213 \qquad (2.89)$$

$$l_k = 1.2213 t_k = 1.2213 \times \frac{2\pi \times 70}{11} \approx 48.83 \text{ (mm)} \qquad (2.90)$$

（2）计算定子出口安放角 α_4。

设计泵喷推进器时，希望流出定子的流体具有尽量小的旋转动能，所以定子出

口安放角应为 90°。但是，由于流体运动时受到惯性的影响，因此应将出口安放角 α_4 适当增大一些，即 $\alpha_4=90°+\varepsilon_4$，以保证出口处流体的流出角度为 90°，$\varepsilon_4$ 一般取 4°～6°，本书取 $\varepsilon_4=4°$，则定子出口安放角为 $\alpha_4=94°$。

3. 定子叶片的轴向长度 e_k

由图 2.11 知：

$$e_k = l_k \sin \alpha_e \tag{2.91}$$

$$\alpha_e = \frac{\alpha_4 + \alpha_3}{2} \tag{2.92}$$

则

$$e_k = l_k \sin \frac{\alpha_4 + \alpha_3}{2} \tag{2.93}$$

半径 $r = 84$ mm 处的 e_k 计算如下：

将半径 $r = 84$ mm 处的 l_k、α_3 和 α_4 的值代入式（2.93）得

$$e_k = 48.83 \times \sin \frac{94° + 56.02°}{2} \approx 47.17 \text{ (mm)} \tag{2.94}$$

其余各半径处的 e_k 也可通过上述方法计算得出。

4. 翼型骨线的圆弧半径 R_k

根据图 2.11 中的几何关系可得：翼型骨线的圆弧半径 R_k 可表示为

$$R_k = \frac{l_k}{2\sin \dfrac{\alpha_4 - \alpha_3}{2}} \tag{2.95}$$

将半径 $r = 70$ mm 处的 l_k、α_3 和 α_4 的值代入式（2.95）得

$$R_k = \frac{48.83}{2\sin \dfrac{94° - 56.02°}{2}} \approx 39.67 \text{ (mm)} \tag{2.96}$$

其余各叶元处翼型骨线的圆弧半径计算结果见表 2.9。

表 2.9　各叶元处翼型骨线的圆弧半径计算结果

r/mm	60	67	74	81
t_k/mm	39.98	43.98	47.98	51.98
α_3/rad	0.98	1.01	1.04	1.07
l_k/t_k	1.221	1.091	0.978	0.879
l_k/mm	48.833	48.002	46.925	45.710
e_k/mm	47.171	46.568	45.693	44.651
R_k/mm	39.673	40.761	41.614	42.287
r/mm	88	95	102	110
t_k/mm	55.98	59.98	63.97	68.54
α_3/rad	1.10	1.12	1.14	1.16
l_k/t_k	0.794	0.719	0.654	0.589
l_k/mm	44.427	43.122	41.827	40.363
e_k/mm	43.515	42.336	41.147	39.785
R_k/mm	42.817	43.234	43.560	43.830

5. 翼型加厚

本书定子设计选取的是 NACA4506 翼型,各叶元设计最大厚度 $s_{max}=5$,NACA4506 翼型的几何结构与上文转子 NACA6612 翼型相似,其剖面坐标与剖面轮廓分别如图 2.12、图 2.13 所示,其详细坐标数据见表 2.10。

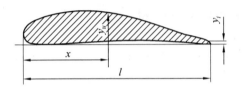

图 2.12　NACA4506 翼型剖面坐标

图 2.13　NACA4506 翼型剖面轮廓

表 2.10　NACA4506 翼型详细坐标数据

$L/\%$	0	1.25	2.5	5	7.5	10	15	20	25
$h/\%$	—	1.21	1.75	2.6	3.25	3.82	4.74	5.45	5.98
$b/\%$	—	-0.71	-0.88	-1	-0.97	-0.89	-0.64	-0.32	0.02
$L/\%$	30	40	50	60	70	80	90	95	100
$h/\%$	6.36	6.74	6.65	6.13	5.21	3.9	2.18	1.17	—
$b/\%$	0.34	0.93	1.35	1.56	1.53	1.25	0.72	0.35	—

从表 2.10 可得 NACA4506 翼型的最大厚度 $s=6.02$ mm，把设计最大厚度 s_{max} 与 s 相除得

$$\frac{s_{max}}{s} = \frac{5}{6.02} = 0.830\,6 \qquad (2.97)$$

则 0.830 6 便是计算其他半径处翼型坐标值的缩放系数。设计厚度的值可以通过将表 2.10 中的各值乘以缩放系数得到，翼型各点设计厚度坐标见表 2.11。

表 2.11　翼型各点设计厚度坐标

$L/\%$	0	1.25	2.5	5	7.5	10	15	20	25
$h/\%$	—	1.01	1.45	2.16	2.70	3.17	3.94	4.53	4.97
$b/\%$	—	-0.59	-0.73	-0.83	-0.81	-0.74	-0.53	-0.27	0.02
$L/\%$	30	40	50	60	70	80	90	95	100
$h/\%$	5.28	5.60	5.52	5.09	4.33	3.24	1.81	0.97	—
$b/\%$	0.28	0.77	1.12	1.30	1.27	1.04	0.60	0.29	—

至此，定子设计中所需参数均已计算完成，可根据这些计算参数换算出相应的三维坐标点并建立定子的三维实体模型。

2.5　泵喷推进器导管设计

本书侧重提高泵喷推进器的推进效率，并尽量提升推进器的空泡性能，因此把导管设计为加速型导管。

导管选取具有较完善数据的 No.19A 加速型导管，考虑到后期导管的加工，对 No.19A 加速型导管的外形进行适当修改，即将导管内部线型的后半部分简化为具有一定斜度的直线，而导管的外部线型保持不变。这样修改线型主要是因为：首先，泵喷推进器对流场有较高的要求，内部线型具有一定的斜度便于流体在推进器通道内的发展，可减少水力损失、提高推进器的效率，便于加工；其次，导管切面外部与头部线型保持不变，对于导管的压力分布较为有利，可以保证流体在进入推进器时得到充分的加速，并且使推进器处于一个较为稳定的外部流场中。表 2.12 中的值为导管切面型值点。图 2.14 为加速导管的切面坐标图。横坐标 x 与弦长 l 的比值 x/l 代表切面的弦向位置变化，y_u 与 l 二者的相对值 y_u/l 用来代表叶面坐标，同理 y_i/l 代表叶背坐标。导管的轴向长度应大于转子、定子的桨毂轴向长度之和，并在转子前端适当加长，以便于提高推进器的入流品质。在此，本书将导管轴向长度确定为 $L=180$ mm。

表 2.12　导管切面型值点

x/l	0.00	1.25	2.5	5	7.5	10	15	20	25
y_i/l	18.25	14.66	12.80	10.87	8.00	6.34	3.87	2.17	1.10
y_u/l	—	20.72	21.07	20.80	直线部分				
x/l	30	40	50	60	70	80	90	95	100
y_i/l	0.48	圆柱部分			0.29	0.82	1.45	1.86	2.36
y_u/l	直线部分								6.36

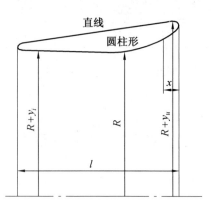

图 2.14　加速导管的切面坐标图

2.6　泵喷推进器三维建模技术研究

泵喷推进器转子叶片与定子叶片均是具有复杂曲面的构件，对于类似几何形状构件的三维模型搭建，由于其曲面是通过许多控制点确定的，很难给出统一的表述形式，故通常采取的做法是把这些控制点拟合为叶片翼型剖面曲线，之后利用得到的剖面曲线作为基准线拟合得到叶片曲面，完成三维模型的建立。该方法将翼型剖面曲线直接当成叶片半径 r 处的切面曲线，易造成建立的转定子叶片模型精确度不够，同时获取叶面控制点的过程较为复杂。

本书采用 Siemens UG NX 软件中的三维建模模块，将叶栅翼型控制点转变为叶片各半径处轮廓型值点，并利用控制点坐标与三维坐标点之间的变换关系进行转换，最终利用计算得出的三维坐标点完成泵喷推进器转子叶片与定子叶片的三维建模，此种建模方法可以大大提高建模的效率和精度。

2.6.1　翼型型值点坐标与 Siemens UG NX 坐标的转换关系

由于前文得出的泵喷推进器转子、定子的设计数据是基于二维平面的，而三维模型的建立则需要三维空间坐标点，因此需要对其进行坐标转换。在已知螺旋桨几何参数、各切面叶片几何尺寸的情况下，通过坐标转换，将上述求出的平面展开翼型的型值点坐标转换为空间点坐标，并保存为 dat 数据文件，然后利用 Siemens UG NX 软件中的曲线、曲面功能对叶片建模。桨叶的切面形状几何尺寸主要包括各个切面的半径 r、弦长 C、螺距 P、纵斜角 θ、二维控制点与基准点之间的相对位置 (a, b) 以及叶片最大厚度线到参考线的距离 L。本书利用 MATLAB 软件编程，批量实现平面型值点坐标到空间点坐标的转化，得到坐标后即可利用 Siemens UG NX 软件进行三维造型，较为方便。

2.6.2　参数化坐标转换

参数化坐标转换，即已知叶片的二维型值点，通过坐标转换得到空间曲线，然后通过蒙面等操作完成建模的方法。该方法用坐标转换的方法取代了实体曲面造型方法的前两步，无须作出叶片剖面展开图，直接将叶片二维型值点转换为三维空间点，然后插入曲线进行建模。

基于叶片的投影关系，用半径为 r 的共轴圆柱面去切叶片，图 2.15（a）中的阴影部分便是圆柱面与叶片相截的切面，图 2.15（b）所示为该叶切面沿圆柱面的展开图。

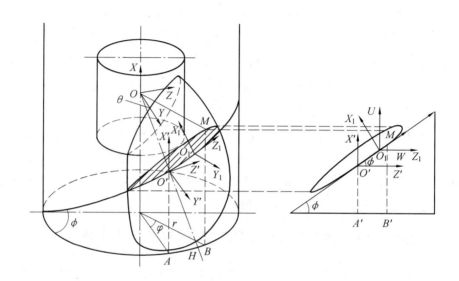

（a）圆柱面与叶片相截　　　　　　（b）叶切面沿圆柱面的展开图

图 2.15　叶片投影原理图

全局坐标系 $O\text{-}XYZ$ 的 OYZ 平面平行于推进器桨毂端面；O' 点为参考线 OH 与圆柱面的交点，坐标系 $O'\text{-}X'Y'Z'$ 与 $O\text{-}XYZ$ 平行；局部坐标系 $O_1\text{-}X_1Y_1Z_1$ 的 O_1X_1 轴经过叶切面的最厚处，O_1 点为螺旋线与叶切面的切点；坐标系 $O_1\text{-}UVW$ 平行于坐标系 $O'\text{-}X'Y'Z'$，可以通过一次旋转与局部坐标系 $O_1\text{-}X_1Y_1Z_1$ 重合，即

$$\begin{bmatrix} X_1 \\ Y_1 \\ Z_1 \end{bmatrix} = \begin{bmatrix} \cos\phi & 0 & -\sin\phi \\ 0 & 1 & 0 \\ \sin\phi & 0 & \cos\phi \end{bmatrix} \begin{bmatrix} U \\ V \\ W \end{bmatrix} \tag{2.98}$$

式中　ϕ——螺距角，$\phi = \arctan\left(\dfrac{P}{2\pi r}\right)$。

由式（2.98）可得

$$\begin{bmatrix} U \\ V \\ W \end{bmatrix} = \begin{bmatrix} \cos\phi & 0 & \sin\phi \\ 0 & 1 & 0 \\ -\sin\phi & 0 & \cos\phi \end{bmatrix} \begin{bmatrix} X_1 \\ Y_1 \\ Z_1 \end{bmatrix} \tag{2.99}$$

由图 2.15（b）可知

$$\begin{bmatrix} X' \\ Y' \\ Z' \end{bmatrix} = \begin{bmatrix} U + L\sin\phi \\ V \\ W + L\cos\phi \end{bmatrix} \tag{2.100}$$

式中　L——最大厚度线至参考线的距离。

进而可得

$$\begin{bmatrix} X' \\ Y' \\ Z' \end{bmatrix} = \begin{bmatrix} Z_1\sin\phi + X_1\cos\phi + L\sin\phi \\ Y_1 \\ Z_1\cos\phi - X_1\sin\phi + L\cos\phi \end{bmatrix} \tag{2.101}$$

将其转换到原点位于 O 点的柱坐标系下，可得

$$\begin{bmatrix} R_i \\ X \\ \varphi \end{bmatrix} = \begin{bmatrix} r \\ X' - r\tan\theta \\ Z'/r \end{bmatrix} \tag{2.102}$$

式中　r——叶切面半径；

　　　θ——纵斜角。

因此，在全局坐标系 $O\text{-}XYZ$ 下可得到

$$\begin{bmatrix} X \\ Y \\ Z \end{bmatrix} = \begin{bmatrix} X' - r\tan\theta \\ r\cos\varphi \\ r\sin\varphi \end{bmatrix} \tag{2.103}$$

最后，整理式（2.101）～（2.103）可得

$$\begin{bmatrix} X \\ Y \\ Z \end{bmatrix} = \begin{bmatrix} Z_1\sin\phi + X_1\cos\phi + L\sin\phi - r\tan\theta \\ r\cos\left(\dfrac{Z_1\cos\phi - X_1\sin\phi + L\cos\phi}{r}\right) \\ r\sin\left(\dfrac{Z_1\cos\phi - X_1\sin\phi + L\cos\phi}{r}\right) \end{bmatrix} \tag{2.104}$$

通过式（2.104）便能够得到转定子叶片曲面的三维空间坐标。

2.6.3　MATLAB 编程实现

在已知叶片基本参数和各叶切面几何参数的情况下，确定叶片的旋向。根据式（2.104），利用 MATLAB 软件进行编程，将叶切面展开坐标转换为曲面型值点坐标。

（1）计算各同心圆柱面的半径 r 和相应半径情况下的螺距角 β_e。本书在前述章节的设计计算中均已将这些数据予以确定。

（2）确定所选翼型叶切面的叶面线和叶背线的各离散点在全局坐标系 $O\text{--}XYZ$ 中的坐标值。如转子的叶面线与叶背线共用同一首尾点；定子叶片的翼型剖面线的叶面与叶背部分各包括 17 个点叶片切面，同样叶面线与叶背线的首尾点是相同的。

（3）确定叶片基准线的位置。将叶片基准线取为各切面最大厚度处的连线。

基于 MATLAB 编程的流程图如图 2.16 所示。

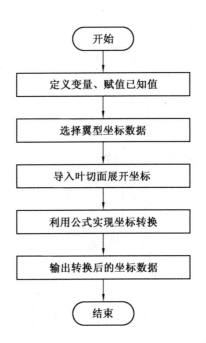

图 2.16　基于 MATLAB 编程的流程图

根据上述的流程图，基于 MATLAB 软件编写计算程序，利用所编程序设置其中的相关参数，即可依次计算出泵喷推进器叶片各切面转换后的空间点坐标，导出数据后即可用于叶片的三维建模。

2.6.4　泵喷推进器三维模型

利用本书前述章节确定的方案和结构参数，并根据装配要求，基于三维制图软件 Siemens UG NX，建立了本书设计的泵喷推进器三维结构模型，主要包括转子、定子叶片，桨毂及导管等。泵喷推进器转子、定子叶片剖面线如图 2.17 所示；泵喷推进器三维装配模型如图 2.18 所示。

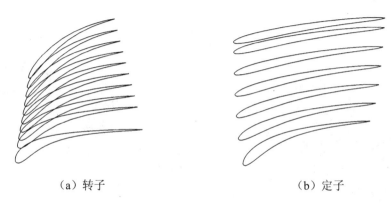

（a）转子　　　　　　　　　　　　　（b）定子

图 2.17　泵喷推进器转子、定子叶片剖面线

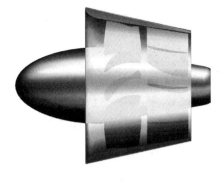

（a）侧视图　　　　　　　　　　　　（b）尾视图

图 2.18　泵喷推进器三维装配模型图

（c）侧前视图

（d）侧后视图

（e）剖视图

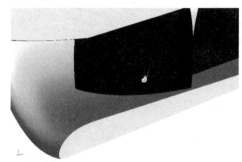

（f）转子局部剖视图

续图 2.18

2.7　本章小结

　　本章根据泵喷推进器的结构与工作环境的特点，利用升力法，对后置定子式泵喷推进器进行了设计。泵喷推进器的导管具有限定进流的作用，使得导管内转子满足轴流泵基本方程，故可以将其当作轴流泵叶轮来考虑；在确定最佳环量分布后通过升力法设计满足最佳环量分布的转子剖面，采用修正系数法完成了对泵喷推进器定子的设计，同时采用了加速型导管以提高推进器效率。最后，通过翼型型值点与切面轮廓投影点的关系推导计算出泵喷推进器转子、定子叶剖面线型值点的三维坐标，利用 Siemens UG NX 软件的三维建模功能，建立设计泵喷推进器的三维装配模型，为后文泵喷推进器水动力与空化性能的分析与研究提供了模型支持。

第 3 章　泵喷推进器三维复杂流场的计算与分析

3.1　引　　言

计算机技术在近些年飞速进步，利用 CFD 理论解决黏性流体力学问题已经成为一种十分有效的途径。相对于传统的理论分析与试验研究，利用 CFD 理论可以有效地节约计算时间和试验成本。对于推进器水动力学而言，推进器叶片及其周围的流动分离情况、湍流强度、涡的形成与结构，以及叶片的空泡特性等均是分析推进器水动力性能的关键要素，这些要素的分析均以黏性流体力学作为基础展开。

目前，关于泵喷推进器数值仿真的研究并不多见。为了预报和评估泵喷推进器的水动力性能，得到相关性能参数，第 2 章已经完成了泵喷推进器的整体结构设计和建模工作。本章在前述章节设计工作的基础上，确立泵喷推进器三维复杂流场的数值计算模型与方法，并利用 E779A 桨对所建立的计算方法进行验证，然后利用 ICEM CFD 网格生成软件生成了推进器内外流场计算域高质量结构化网格。最后，基于 CFD 理论，采用 ANSYS CFX 软件对泵喷推进器内外流场进行了一体化数值模拟，得到泵喷推进器的水动力性能曲线、压力分布云图、速度场流线分布等数值计算结果。通过对计算结果的分析与对比，得出本书所设计泵喷推进器的水动力性能。

3.2　数值计算基本原理

CFD 理论是指利用计算机的数值模拟与视图处理功能，研究具有流体流动和热交换等物理特性。计算流体力学的基本思想主要包括：连续性离散化，即将本来对于时域与空间域具有连续性的物理场，用一系列空间离散点的集合替换，根据相关的原理与方法对这些空间离散点与连续物理场内变量之间构建计算方程组，之后对所构建的方程组进行计算，从而得到连续物理场内变量的近似值。CFD 方法是利用质量守恒方程、动量守恒方程以及能量守恒方程完成对流动的数值仿真，从而通过计算获取复杂流场中不同空间位置上的速度、压力与温度等物理量的数值大小、分布特点以及它们在时间域内的变化规律等特性，进一步得到涡场的结构特点、形成机理以及分布规律等，此外还能在此基础上得到其他相关变量，例如推进器等旋转机械叶片的推力、转矩、扬程与推进效率等。除此之外，结合计算机辅助设计（CAD）技术，还能够对研究对象的结构进行优化。CFD 方法是对传统理论分析与试验测量方法的良好补充与扩展，使得流体流动方面的研究更加系统与完善。传统的理论研究应用范围较广，其计算结果的概括性较高，各计算物理量结果十分直观，是完成相关试验分析与验证的重要理论支撑。然而，理论研究分析为了方便计算，通常会对研究对象进行简化。而非线性状态下的流动特性很难通过计算直接得出解析值。通过试验分析获取的结果，其可靠性与可信度十分高，是理论研究的延伸和数值计算的有效验证方法，具有十分重要的作用。但是，试验研究有时会被研究对象加工尺寸、试验设备条件以及检测准确度等诸多客观因素所影响，从而易导致试验分析难以开展。而 CFD 方法与理论研究、试验研究各有互补，通过在计算机上实现一个特定的计算，可以真实地模拟物理试验模型，从而在有效降低试验费用和周期的基础上，获得需要的流场数据。例如：螺旋桨的流场特性，利用 CFD 理论完成流场内相关物理量的计算，并将计算结果显示出来，便能够更加直观地理解流场细节特性（如叶片表面流体的流动状态、强度等细节），并能够进一步分析得到叶片表面压力强度分布、速度场变化规律、空化特性以及涡的形成机理与发展过程。针对一个具体的问题，运用 CFD 理论进行流体流动的数值模拟，均需经过几个关键步骤，如图 3.1 所示。

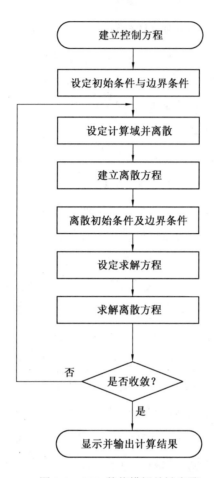

图 3.1 CFD 数值模拟关键步骤

3.2.1 控制方程

虽然湍流运动内部十分复杂多变，但是非稳态的连续方程和 Navier-Stokes 方程仍然能够很好地对湍流的流动进行控制。在此，针对不可压缩流体，笛卡儿坐标系下湍流运动的控制方程具体表述如下。

质量守恒方程：

$$\mathrm{div}(\rho \boldsymbol{u}) = 0 \tag{3.1}$$

动量守恒方程：

$$\begin{cases} \dfrac{\partial(u)}{\partial t} + \mathrm{div}(u\boldsymbol{u}) = \dfrac{\mu}{\rho}\mathrm{div}(\mathbf{grad}\, u) - \dfrac{1}{\rho}\dfrac{\partial p}{\partial x} + F_x \\[2mm] \dfrac{\partial(v)}{\partial t} + \mathrm{div}(v\boldsymbol{u}) = \dfrac{\mu}{\rho}\mathrm{div}(\mathbf{grad}\, v) - \dfrac{1}{\rho}\dfrac{\partial p}{\partial y} + F_y \\[2mm] \dfrac{\partial(w)}{\partial t} + \mathrm{div}(w\boldsymbol{u}) = \dfrac{\mu}{\rho}\mathrm{div}(\mathbf{grad}\, w) - \dfrac{1}{\rho}\dfrac{\partial p}{\partial z} + F_z \end{cases} \tag{3.3}$$

式中　div——散度符号，$\mathrm{div}\boldsymbol{a} = \dfrac{\partial a_x}{\partial x} + \dfrac{\partial a_y}{\partial y} + \dfrac{\partial a_z}{\partial z}$

　　　grad——梯度符号，$\mathbf{grad}() = \dfrac{\partial()}{\partial x} + \dfrac{\partial()}{\partial y}/ + \dfrac{\partial()}{\partial z}$；

　　　$\boldsymbol{u}$——速度矢量，u、v、w 是速度矢量 $\boldsymbol{u}$ 在 x、y 和 z 方向的分量；

　　　ρ——密度；

　　　t——时间；

　　　μ——动力黏度；

　　　p——流体微元体上的应力；

　　　F_x、F_y、F_z——微元体上的体力。

　　现今，直接数值模拟（Direct Numerical Simulation，DNS）与非直接数值模拟（Non-direct Numerical Simulation，NDNS）是流体数值计算时主要采用的两种方法。两种方法的主要区别在于是否直接对瞬时湍流方程进行计算。非直接数值模拟需要对湍流进行适当的简化从而求得近似解，非直接数值模拟中近似与简化的方式有许多种，据此可将非直接数值模拟方法分类为大涡模拟方法、雷诺时均法以及统计平均法。三维湍流数值模拟方法及相应的湍流模型如图 3.2 所示。

　　DNS 方法利用瞬态（Navier-Stokes，N-S）方程完成对湍流的控制。DNS 方法最突出的优势是可以直接求解湍流的流动特性，不需要为了便于求近似解而进行相关的简化，这样可以保证计算精度更高，使得湍流的计算结果更加准确，但是 DNS 方法对于硬件的条件要求较高，需要足够大的内存才能保证计算的精度与速度，所以造成了 DNS 方法的适用范围被严重限制，对于工程计算不是很实用。

　　大涡模拟（Large Eddy Simulation，LES）方法可以理解为：将湍流中不同尺度的涡进行区分，并用瞬态 N-S 方程对大尺度涡进行模拟，忽略小尺度的涡，而大尺度涡与小尺度涡之间的相互作用采用近似模型求解。LES 方法对硬件的要求仍然较高，但是明显低于 DNS 方法，是现今 CFD 理论的主要研究与分析对象之一。

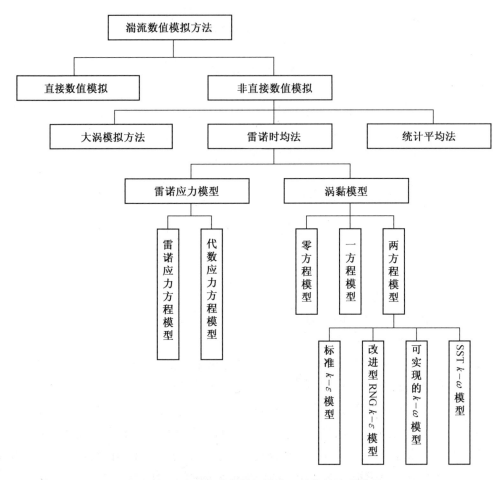

图 3.2　三维湍流数值模拟方法及相应的湍流模型

现今 CFD 理论中最常采用的湍流模拟方法就是雷诺时均法（Reynolds Averaged Navier-Stokes，RANS）。对于不可压缩流体，时均形式的 N–S 方程（RANS）为

$$\begin{cases} \dfrac{\partial(u)}{\partial t} + \mathrm{div}(u\boldsymbol{u}) = \nu\,\mathrm{div}(\mathbf{grad}\,u) - \dfrac{1}{\rho}\dfrac{\partial p}{\partial x} + \left[-\dfrac{\partial(\rho\overline{u'^2})}{\partial x} - \dfrac{\partial(\rho\overline{u'v'})}{\partial y} - \dfrac{\partial(\rho\overline{u'w'})}{\partial z} \right] + S_u \\[3mm] \dfrac{\partial(v)}{\partial t} + \mathrm{div}(v\boldsymbol{u}) = \nu\,\mathrm{div}(\mathbf{grad}\,v) - \dfrac{1}{\rho}\dfrac{\partial p}{\partial y} + \left[-\dfrac{\partial(\rho\overline{u'v'})}{\partial x} - \dfrac{\partial(\rho\overline{v'^2})}{\partial y} - \dfrac{\partial(\rho\overline{v'w'})}{\partial z} \right] + S_v \\[3mm] \dfrac{\partial(w)}{\partial t} + \mathrm{div}(w\boldsymbol{u}) = \nu\,\mathrm{div}(\mathbf{grad}\,w) - \dfrac{1}{\rho}\dfrac{\partial p}{\partial z} + \left[-\dfrac{\partial(\rho\overline{u'w'})}{\partial x} - \dfrac{\partial(\rho\overline{v'w'})}{\partial y} - \dfrac{\partial(\rho\overline{w'^2})}{\partial z} \right] + S_w \end{cases} \quad (3.3)$$

在利用 RANS 方程对湍流进行计算时，方程中会出现一个未知量 $-\rho\overline{u_i'u_j'}$，该未知量主要代表的是湍流中的 Reynolds 应力项。为了使方程组存在解，需要对 $-\rho\overline{u_i'u_j'}$ 进行适当且合理的假设，也就是说要建立相对应的方程式或加入其他的湍流方程，进而建立起脉动值与时均值之间的转化关系。对雷诺应力项 $-\rho\overline{u_i'u_j'}$ 有多种的假设与计算方法，根据其不同可分为两大类，即雷诺应力模型及涡黏模型，其中涡黏模型具有更广的使用范围。在采用涡黏模型处理湍流时，对雷诺应力项 $-\rho\overline{u_i'u_j'}$ 不做直接计算，而是通过加入另一个物理量——湍动黏度（Turbulent Viscosity），也或者称作涡黏系数（Eddy Viscosity），之后用湍动黏度或涡黏系数建立起关于雷诺应力项的表达式，而表达式的确定首先需要合理选取湍动黏度 μ_t。

3.2.2　湍流模型

湍流模型基于 RANS 方程与脉动运动方程、利用连续性方程与动量方程，是对湍流中变量平均值进行计算与表述的封闭方程组。湍流模型根据 μ_t（μ_t 为 k 和 ω 的函数，$\mu_t = \rho\dfrac{k}{\omega}$）中微分方程的个数可以分为：零方程模型、一方程模型、两方程模型。其中，两方程模型是最为常见与实用的湍流模型，较为常见的主要包括：标准 k-ε 模型及其改进型 RNG（Renormalization Group）k-ε 模型，可实现的 k-ε 模型（Realizable k-ε 模型）及 SST k-ω 模型（Shear Stress Transport k-ω，剪切应力输运 k-ω 模型）。本书采用 SST k-ω 模型来对数值求解进行封闭。

标准 k-ε 模型由 Launder 和 Spalding 于 1974 年提出，k 为湍流强度，ε 为湍动能耗散系数，由下列半经验输运方程获得：

$$\frac{\partial(\rho k)}{\partial t} + \frac{\partial(\rho\overline{U_j}k)}{\partial x_j} = \frac{\partial}{\partial x_j}\left(\Gamma_k \frac{\partial k}{\partial x_j}\right) + P_k - \rho\varepsilon \tag{3.4}$$

$$\frac{\partial(\rho\varepsilon)}{\partial t} + \frac{\partial(\rho\overline{U_j}\varepsilon)}{\partial x_j} = \frac{\partial}{\partial x_j}\left(\Gamma_\varepsilon \frac{\partial\varepsilon}{\partial x_j}\right) + \frac{\varepsilon}{k}(c_{\varepsilon_1}P_k - \rho c_{\varepsilon_2}\varepsilon) \tag{3.5}$$

其中，$\Gamma_k = \mu + \dfrac{\mu_t}{\sigma_k}$；$\Gamma_\varepsilon = \mu + \dfrac{\mu_t}{\sigma_\varepsilon}$；$P_k = \mu_t\left(\dfrac{\partial\overline{U_i}}{\partial x_j} + \dfrac{\partial\overline{U_j}}{\partial x_i}\right)\dfrac{\partial\overline{U_i}}{\partial x_j}$。

RNG k ε 模型是由 Yankhot 和 Orszag 等于 1992 年提出的一种对标准 k-ε 模型修正形式，二者的输运方程较为相似，只是 RNG k-ε 模型中的系数 c_{ε_1} 由下式获得：

$$c_{\varepsilon_1} = 1.44 - \frac{\eta\left(1 - \dfrac{\eta}{\eta_0}\right)}{1 + \beta\eta^3}, \quad \eta = S\frac{k}{\varepsilon}, \quad S = \sqrt{\left(\frac{\partial \overline{U_i}}{\partial x_j} + \frac{\partial \overline{U_j}}{\partial x_i}\right)\frac{\partial \overline{U_i}}{\partial x_j}} \tag{3.6}$$

SST k-ω 模型是 1994 年由 Menter 提出来的一种混合模型。他指出 Wilcox 在 1986 年提出的 k-ω 模型存在的最大问题是对于自由剪切流动，其结果过分依赖自由来流 ω 值。为了解决这个问题，Menter 对其进行了改进。改进后的湍流模型如下。

湍流强度 k 方程和湍流频率 ω 方程分别为

$$\frac{\partial}{\partial t}(\rho k) + \nabla \cdot (\rho \bar{U} k) = \nabla \cdot \left[\left(\mu + \frac{\mu_t}{\sigma_k}\right)\nabla k\right] + P_k - \beta'\rho k\omega \tag{3.7}$$

$$\frac{\partial}{\partial t}(\rho \omega) + \nabla \cdot (\rho \bar{U} \omega) = \nabla \cdot \left[\left(\mu + \frac{\mu_t}{\sigma_\omega}\right)\nabla \omega\right] + \alpha\frac{\omega}{k}P_k - \beta\rho\omega^2 \tag{3.8}$$

其中，

$$P_k = \mu_t\left\{2\left[\left(\frac{\partial u}{\partial x}\right)^2 + \left(\frac{\partial u}{\partial y}\right)^2 + \left(\frac{\partial u}{\partial z}\right)^2\right] + \left(\frac{\partial u}{\partial y} + \frac{\partial v}{\partial x}\right)^2 + \left(\frac{\partial u}{\partial z} + \frac{\partial w}{\partial x}\right)^2 + \left(\frac{\partial v}{\partial z} + \frac{\partial w}{\partial y}\right)^2\right\} \tag{3.9}$$

式（3.7）～（3.9）中，各系数的推荐取值为：$\sigma_k = 2.0$，$\sigma_\omega = 2.0$，$\alpha = 5/9$，$\beta = 0.075$，$\beta' = 0.09$。

SST k-ω 模型为混合模型，将 k-ε 模型的优点和 k-ω 模型的优点混合在一起。其中，k-ω 模型的优势在于壁面附近的计算，而 k-ε 模型的优势则在于远流场处的计算。SST k-ω 湍流模型在湍流黏度定义中还考虑了湍流剪切应力的输运过程，从而具有更强的适用性。因此如没有特别说明，本书中的所有数值模拟均采用 SST k-ω 模型。

3.2.3　离散与求解

通过上述方法建立了与控制方程对应的离散方程，即代数方程组。但一般来说，不能直接算出上述方数组的解，仍需要对离散方程完成适当的变换，同时重新安排速度、压力等物理量的求解方式与顺序。图 3.3 所示为方程经过离散后，流场数值计算的方法分类，主要包括两大类：耦合式解法（Coupled Method）与分离式解法（Segregated Method）。

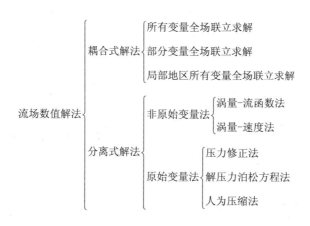

图 3.3　流场数值计算的方法分类

SIMPLE 算法、SIMPLEC 算法与 PISO 算法三种耦合方法经常用于速度与压力等物理量的耦合。其中，SIMPLE 算法在工程计算中最为常用，SIMPLE 表示的是"Semi-Implicit Method for Pressure-Linked Equations"，翻译为"压力耦合方程式的半隐式求解法"。该算法由 Patanker 和 Splding 建立。SIMPLE 算法具体实施步骤如下：

（1）对速度场 v_0 进行合理假设，并基于此假设完成相关系数与源项的求解。

（2）对压力场 p_0 进行假定。

（3）通过计算动量方程而获取 v^*。

（4）对压力修正方程中系数 a_j^p、a_0^p 及源项 b^p 完成求解。

（5）通过计算压力修正方程而获取压力修正值 p'。

（6）在本次迭代中，以计算出的 p' 作为修正量，对压力与速度进行调整，以便求解出适合的 v_j 及 p_{p_0}、v_{p_0}。

（7）将上述步骤求解出的物理量作为初始值，迭代上述步骤直至满足计算精度要求。

SIMPLEC 表示的是"Semi-Implicit Method for Pressure-Linked Equations Consistent"，翻译为"协调一致的 SIMPLE 算法"。该算法是对 SIMPLE 算法的进一步补充与完善，由 Van Doormal 等人建立。SIMPLEC 算法相较于 SIMPLE 算法计算，精度更高，因为其没有忽略 $\sum a_{nb}u'_{nb}$ 项，所以，求解的压力修正值 p' 更为准确，并且可以省去 SIMPLE 算法中的欠松弛处理，简化了计算步骤。

PISO 算法表示的是"Pressure Implicit with Splitting of Operators"，翻译为"压力隐式算子分割算法"。该算法由 Issa 于 20 世纪 90 年代建立，建立初始该算法的研究对象是非稳态可压缩流体，求解速度与压力特性的迭代程序，随着该算法的不断进步与发展，其应用对象逐渐扩展到稳态问题。PISO 算法与前述两种方法的主要区别在于：前述两种算法均是两步算法，也就是说先进行一步预测，之后再进行一步修正；但 PISO 算法额外多了一步用于修正，也就是说除了第一步的预测外，有两步来进行修正，将第一次的修正值（u、v、p）再次进行修正，这样可以使这些求解值更加符合动量方程和连续方程的要求。因为 PISO 算法的计算包括预测加两次修正，因此可以提升单个迭代步的收敛速度。一般来说，如果计算瞬时状态的湍流问题，PISO 算法较其他两种方法更为适合；而假若需要处理稳态状态下的湍流问题，SIMPLE 算法与 SIMPLEC 算法具有更好的适用性。

3.2.4 旋转机械流场模拟技术

由于泵喷推进器转子在流场中做旋转运动，在绝对静止坐标系下，被扰动的流场是一种非定常流场。为了将问题简化，可采用图 3.4 所示旋转坐标系模型对泵喷推进器的内部旋转流场进行求解。

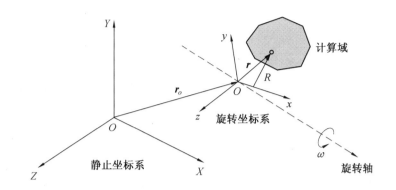

图 3.4 旋转坐标系模型

在旋转坐标系下求解动量守恒和连续性方程时，动量方程中需添加流体的加速度项，可以使用两种速度，绝对速度 v 和相对速度 v_r，两者关系见下式：

$$v_r = v - (\boldsymbol{\omega} \times r) \tag{3.11}$$

式中 $\boldsymbol{\omega}$——旋转角速度；

r——旋转坐标系下的位置向量。

旋转坐标系下动量守恒方程用绝对速度可以表示为

$$\frac{\partial}{\partial t}\rho v + \nabla \cdot (\rho v_r v) + \rho(\boldsymbol{\omega} \times v) = -\nabla p + \nabla \overline{\overline{\tau}} + F \tag{3.12}$$

式中 p——流体微元体上的压力；

$\overline{\overline{\tau}}$——作用在流体微元体上的黏性应力；

F——作用在微元体上的体力。

对于低速不可压流动，旋转坐标系下连续方程用绝对速度可以表示为

$$\nabla \cdot \rho v = \frac{\partial u}{\partial x} + \frac{\partial v}{\partial y} + \frac{\partial w}{\partial z} = 0 \tag{3.13}$$

目前大多数商用 CFD 软件（ANSYS CFX，Fluent 等）用于旋转机械流动问题模拟的计算模型主要包含三类，分别为：多参考系（Multiple Reference Frame，MRF）模型、混合面（Mixing Plane，MP）模型和滑移网格（Sliding Mesh，SM）模型。

对于泵喷推进器，即使在旋转坐标系下，由于转子、定子之间存在相对运动，推进器的流场呈现周期性分布特点，属于非定常流场范畴。根据势流研究结果分析，由于转子、定子之间相互影响而产生的非定常力具有很高的频率和很小的幅值，同时水动力性能的时均值与定常状态下的计算值十分相近，所以非定常问题定常化有两种途径：一是定常模拟每一瞬态流场，获得流场"快照（Snapshot）"解，称为多参考系模型；二是时均流场计算量，将转子、定子之间的瞬态干扰以轴对称的方式定常化，称为混合面模型。而转子和定子之间流场的相互扰动则必须应用滑移网格模型进行处理。

（1）多参考系（MRF）模型。

当流场中流体通过一组网格交界面时，ANSYS CFX 应用控制面法使这组交界面以通用网格交界面（General Grid Interface，GGI）技术连接方式或者以周期性条件相互耦合，并运用相关物理交叉算法处理交界面由相互运动引起的网格拓扑方式改变的问题和交界面上物理量的分布情况。ANSYS CFX 提供一种通用交叉算法使一组交界面完美耦合在一起，即使这组交界面在物理上不完全匹配。此外，GGI 技术采用面网格自动裁剪技术计算交界面的不匹配度。通过交叉算法和面网格自动裁剪技术可以使相互不匹配的一组交界面以 GGI 技术连接方式或者周期性条件相互耦合。在使用 ANSYS CFX 模拟具有旋转域和静止域的流场流动时，交界面 GGI 耦合类型通常使用 Frozen rotor 或 Stage 类型。

MRF 模型可以完成对包含相对旋转域和静止域流场的数值模拟，而 ANSYS CFX 运用 MRF 模型研究旋转机械流场中转子、定子相互干扰的问题。得益于 GGI 技术的应用，在处理转定子问题时，ANSYS CFX 在交界面采用最合理的网格处理方法。ANSYS CFX 以 MRF 模型为基础，结合 GGI 技术来处理流场中有一个或多个旋转域的问题。MRF 模型依据转速与移动速度对整个计算域进行划分，并且在划分出的不同计算子域中建立不同且相互独立的运动坐标系与相对应的控制方程。对于相邻计算子域之间的边界，由于控制方程的扩散项等要与计算子域中的速度值接近，所以需要假定在相邻计算子域边界上流体速度具有连续性，从而完成不同计算子域之间的信息交换。

MRF 模型属于近似算法，模型中假定网格单元做匀速运动，MRF 模型适用于大部分的时间均匀性的流动，尤其适合用于运动计算域与静止计算域之间的相互影响较小的计算情况，如搅拌器流场计算以及旋轴流内流场数值计算。

本书运用 ANSYS CFX 软件，采用 MRF 模型，同时结合 GGI 技术对推进器水动力性能与空化性能进行数值模拟计算。

（2）混合面（MP）模型。

混合面（MP）模型可以用来计算一个或者多个计算域相互作用的问题。对于 MP 模型的交界面，会将某一个计算域的求解值作为与其相邻计算域的边界条件进行处理。混合面模型忽略了周围环境的随机扰动对流场的影响，这对时间平均流场的计算不会有太大的影响。

MP 模型的基本原则：将非定常状态的区域进行细化，划分成多个互相交界的定常区域，从而将非定常问题转化为定常问题进行处理。求解过程中，对于转子域、定子域交界面上的变量，利用面积加权平均法进行处理，之后用获取的流场变量的平均值作为下次迭代的边界条件。图 3.5 为转子域、定子域之间相互作用的示意图，从图中可以看出，转子域中许多流场变量的平均值，如出口压力 p_0、速度 v_0、湍流动能 k，均会被作为下个迭代中定子域入口处的边界条件。同样地，定子域中许多流场变量的平均值，如静压值（α_r，α_t，α_z）等，也会被作为转子域出口处的边界条件。

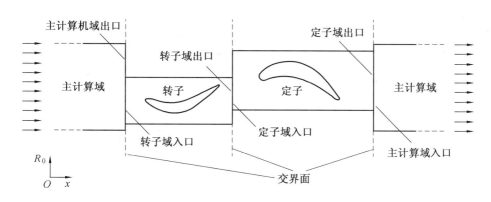

图 3.5 转子域、定子域之间相互作用示意图

（3）滑移网格（Sliding Mesh）模型。

滑移网格模型是一种非定常的计算模型，用它计算的流场最接近旋转机械实际的流动，这是它与 MRF 模型以及 MP 模型的最大区别。当不同速度运动体的交互作用需要运用实时解法（而不是时均解法）时，必须使用滑移网格模型来计算非稳态流场。其主要思想为：将转子、定子计算区域划分为旋转的转子域和静止的定子域，随着离散时间步的变化，各区域网格沿旋转轴转动。实际求解中，网格不是静止的而是相对滑移的，从而邻近计算域之间的交界面也是相对滑移的，位置在时域上具有一定的不确定性，对于任意一个时间步长，通过分界面的通量传递实现相邻计算域间流动的实时耦合。

每个离散时间步内，对于旋转域与静止域的交界面，采用双层交界面完成不对应节点的计算，从而组成新的交界面，并利用通量交换，完成两个相邻区域的流场信息传递。进行到下一个时间步时，即重新生成了两个交界面的网格及新的交界平面，通过新的交界面传递通量，实现两区域内新的流场耦合，滑移网格模型示意图如图 3.6 所示。

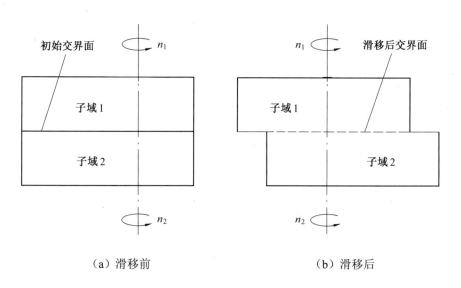

（a）滑移前　　　　　　　　（b）滑移后

图 3.6　滑移网格模型示意图

3.3　数值计算方法验证

为了验证上述章节建立的泵喷推进器流场数值模拟方法的正确性与可靠性，本书选取经典四叶侧斜桨 E779A（以下简称为 E779A 桨），利用上述建立的数值模拟计算模型，采用 ANSYS CFX 商用 CFD 软件，基于 MRF 模型并结合 GGI 技术，对 E779A 桨在不同工况下的水动力性能进行了数值模拟计算。

3.3.1　计算域与网格划分

E779A 桨的主要参数见表 3.1。根据数值计算的特点，将计算域分为两个部分：E779A 桨计算域和外流场计算域。其中，E779A 桨计算域为旋转计算域，外流场计算域为静止计算域。另外，在定常计算中可以认为各个叶片上的压力、速度等流动因素的分布是相同的，即计算域具有旋转周期性。因此，本书选用周期边界对 E779A 桨做单流道模拟。如图 3.7 所示，整个 E779A 桨计算域为一个 1/4 圆柱，轴线与 E779A 桨的轴线重合，其直径为 $5D_1$（D_1 为 E779A 桨直径），计算域入口边界位于距 E779A 桨计算域前端面 $6D_1$ 处，计算域出口边界位于距 E779A 桨计算域后端面 $10D_1$ 处。整个计算域由 439 902 个结构化网格节点组成，其中 E779A 桨计算域包括 305 796 个网格节点，E779A 桨计算数值网络如图 3.8 所示。

表 3.1　E779A 桨的主要参数

E779A 桨直径 D_1/mm	螺距比（P/D_1）	倾斜角	纵倾角	盘面比	桨毂直径 D_h/mm
227.3	1.1	4° 48"	4° 3"	0.689	45.53

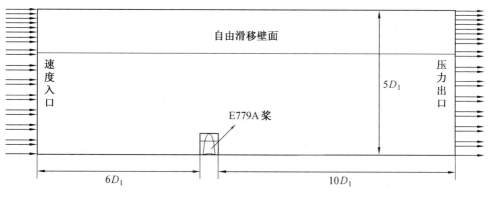

图 3.7　E779A 桨计算域与边界条件

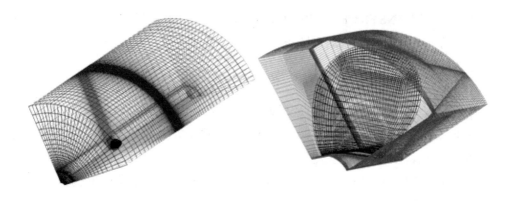

图 3.8　E779A 桨计算数值网格

3.3.2　计算前处理

将进流边界（Inlet）设定为速度入口，将出流边界（Outlet）设定为压力出口，桨叶采用无滑移壁面，大计算域圆柱面设为自由滑移壁面，计算参数设置见表 3.2。

表 3.2　计算参数设置

湍流模型	壁面函数	耦合方式	时间离散方式	空间离散方式
SST k-ω 模型	增强壁面函数	SIMPLEC	Euler 后插	混合差分

3.3.3　计算结果

图 3.9 为 E779A 桨在不同进速系数 J 下的敞水性能变化曲线，其计算值与试验值对比见表 3.3，其中进速系数 J、推力系数 K_{T_1} 和转矩系数 K_{Q_1} 定义分别为

进速系数：
$$J = \frac{U_\infty}{nD_1} \tag{3.14}$$

推力系数：
$$K_{T_1} = \frac{T_1}{\rho_1 n^2 D_1^4} \tag{3.15}$$

转矩系数：
$$K_{Q_1} = \frac{Q_1}{\rho_1 n^2 D_1^5} \tag{3.16}$$

式中　U_∞——来流速度；

T_1——E779A 桨的推力；

Q_1——E779A 桨的转矩；

n——螺旋桨转速；

ρ_1——流体的密度。

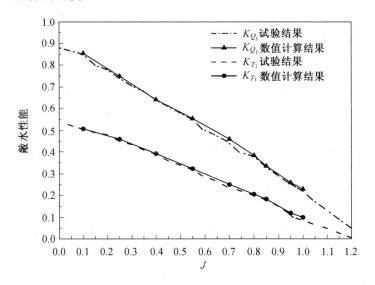

图 3.9　E779A 桨在不同进速系数 J 下的敞水性能变化曲线

表 3.3　E779A 桨敞水性能计算值与试验值对比

进速系数 J	K_{T_1}			K_{Q_1}		
	计算值	试验值	误差/%	计算值	试验值	误差/%
0.1	0.514	0.512	0.391	0.870	0.861	0.362
0.25	0.457	0.449	1.782	0.754	0.747	0.937
0.4	0.407	0.404	0.448	0.652	0.651	0.154
0.55	0.352	0.348	1.149	0.587	0.584	6.366
0.7	0.286	0.280	2.143	0.518	0.487	4.391
0.8	0.212	0.209	1.435	0.411	0.408	0.735
0.85	0.188	0.185	1.622	0.352	0.350	0.571
0.95	0.132	0.128	3.125	0.278	0.274	1.460
1.0	0.106	0.102	3.922	0.246	0.242	1.653

由图 3.9 和表 3.3 可以看出，随着进速系数 J 的增大，推力系数和转矩系数均不断减小，且基本与 J 呈线性关系。通过对比发现，数值模拟计算结果比试验值略大，这可能是由于数值模拟计算的边界条件设置得过于理想化。同时，数值模拟计算结果与试验值吻合较好，在常见的进速系数 J 为 $0.1\sim1.0$ 的范围内，推力系数 K_{T_1} 和转矩系数 K_{Q_1} 的平均误差均在 3.5% 左右，此计算精度基本可以满足工程计算的要求，说明本书建立的泵喷推进器数值计算方法具有较好的实用性与可靠性。

3.4　泵喷推进器数值计算方法

泵喷推进器模型单独地在均匀水流中的试验称为敞水试验。由泵喷推进器敞水试验得到的是泵喷推进器的推力系数、转矩系数和敞水效率相对于进速系数的变化规律，即泵喷推进器敞水性能曲线。与此敞水试验相对应的基于 CFD 理论的仿真计算工作，称为泵喷推进器敞水性能数值计算。

在前述章节中，已经对泵喷推进器进行了结构设计，并完成了泵喷推进器数值计算方法的建立与验证工作。为了预报和评估所设计泵喷推进器的水动力性能，得到相关性能参数，确保其能达到推进要求。本节在前述章节的基础上，应用 ANSYS ICEM 前处理软件完成对推进器整个计算域结构化网格的划分；基于 CFD 理论，利用 ANSYS CFX 软件对泵喷推进器内外流场进行一体化数值计算，分析得出推进器敞水性能特性以及压力与速度分布等特点。

3.4.1　泵喷推进器模型处理

为了更为精确地分析泵喷推进器性能，同时也尽量便于数值模拟工作的开展，需要对泵喷推进器模型做一些简化：忽略水下航行器尾部产生的诱导流场对泵喷推进器的干扰，假设泵喷推进器前方的来流是均匀的；同时在泵喷推进器转子轮毂前端安装了长短轴比为 2∶1 的半椭球形导流帽，泵喷推进器尾部也加装半球形尾流罩，以设计间隙尺寸 $\delta=1$ mm 为例进行计算与分析。

3.4.2　计算域选取与计算网格划分

（1）计算域选取。

泵喷推进器工作在一个高速进流的环境下，模拟泵喷推进器内外流场首先需要考虑外流场与切向边界、入口边界流动相互干扰的问题，以及由内流场引起的高速喷流是否会穿越出口边界的问题；其次需要考虑计算域是否利于生成高质量网格的问题。所以计算域的选取直接影响到泵喷推进器数值模拟计算的准确性。

泵喷推进器属于旋转机械的范畴，外形具有回转体特性，因此本书采用一中心线与推进器中心轴线共线的圆柱体作为外计算域。具体计算域尺寸设置为：计算域长为 12D（D 为转子叶片最大直径），直径为 5D，圆柱休前端面和推进器导管前端的距离为 4D，为进流入口边界；圆柱体的后端面距推进器导管前端的距离为 8D，为出流出口边界；计算域内边界由泵喷推进器导流帽、尾流罩及导管外壁面组成，计算域外边界为圆柱体侧面。泵喷推进器计算域如图 3.10 所示。

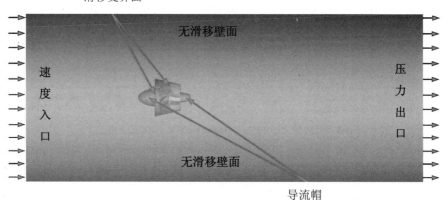

图 3.10　泵喷推进器计算域

由于泵喷推进器工作时，转子在导管内做高速旋转运动，而定子与导管等其他部件则静止不动，同时转子与定子之间存在剧烈的相互干扰，所以泵喷推进器计算域需要划分为两大类：旋转域和静止域。转子叶片与转子桨毂组成旋转域，定子叶片和桨毂、导流帽与导管组成静止域，如图 3.11 所示。综上，本书将泵喷推进器流场计算域分为三个部分：转子旋转域、定子导管静止域以及导管外流场域。

旋转域

静止域

图 3.11   旋转域与静止域

（2）计算网格划分。

计算网格的划分与生成是利用 CFD 方法计算时十分关键的一步，计算网格的质量直接影响到数值计算结果的正确性与可靠性。合理的网格划分不仅能够提高计算的可行性，同时能够提高数值计算的精确度与效率。因此，本书采用 ANSYS ICEM 前处理软件，基于分块网格生成技术对整个泵喷推进器计算域耦合并生成了高质量的结构化网格。

计算外流场网格如图 3.12 所示，在泵喷推进器周围外流域生成轴向 H 型网格，在导管外壁周围生成轴向 H-C 型网格、切向 O 型网格，转子和定子叶片网格分别如图 3.13 与图 3.14 所示，推进器内流场转子、定子叶片表面都使用外部 O 型网格进行边界层网格加密；对于各处壁面，均设置局部网格加密区，以精确模拟近壁面流动和边界层效应；此外，为了精确地捕捉叶顶间隙梢涡流动的产生，模拟梢涡结构在转子通道的后续发展，在叶顶间隙区域采用 20 层网格对叶顶间隙进行加密。以叶顶间隙尺寸 $\delta=1$ mm 的推进器模型为例，整个推进器内外计算域网格共生成了 3 653 750 个网格单元，3 763 251 个网格节点，其中导管外流域有 1 061 040 个网格单元，1 034 594 个网格节点，综合网格质量在 0.5 以上；转子旋转域有 1 811 546 个网格单元，1 898 281 个网格节点，网格质量在 0.5 以上；定子导管静止域有 830 376 个网格单元，781 164 个网格节点，网格质量在 0.6 以上。

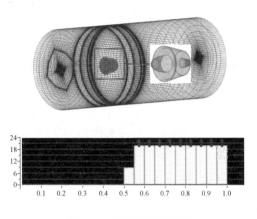

图 3.12　计算外流场网格

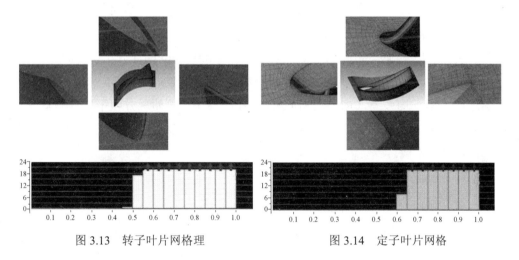

图 3.13　转子叶片网格理　　　　　　　图 3.14　定子叶片网格

3.4.3　边界条件设定

边界条件与求解参数的合理设置是保证泵喷推进器内外流场的数值计算顺利完成的基础。进流边界设为 Inlet（流体入口）速度入口边界，$u = U$，$v = w = 0$，其中 U 为来流速度，取该型推进器的设计进速，$U = 40$ kn，湍流强度设置为 ANSYS CFX 软件中初始值 5%；出口边界定为 Outlet（流体出口）静压出口，设置相对静压值为 0；导管壁面、导流帽、尾流罩、叶片及轮毂表面均设为无滑移壁面（No Slip Wall）；计算域圆柱面边界设为自由滑移壁面（Free Slip Wall）。旋转域和静止域的 GGI 耦合类型为固定转子类型（Frozen Rotor）。采用 RANS 雷诺时均方法对三维流场进行求解，并且控制方程和 SST $k\text{-}\omega$ 湍流模型利用有限体积法（Finite Volume Method）完成离散与封闭。SIMPLEC 算法被用来处理速度与压力耦合，空间域与时域的离散分别采用高分辨率混合差分与一阶欧拉后插格式，各种变量和湍流黏性参数采用二阶迎风格式。采用基于 HP MPI 平台的并行计算技术、多重网格等方法加速收敛。

3.5　数值计算结果与分析

3.5.1　数值计算收敛情况

本书泵喷推进器的设计转速是 3 200 r/min，分别在其左右各取若干转速共 10 种工况对内外流场进行定常数值模拟，迭代时间步数为 400 步，保证每一种计算工况下，泵喷推进器拥有足够的旋转时间。

以设计叶顶间隙尺寸 δ=1 mm，转子转速 n=3 200 r/min 的计算结果为例。图 3.15 为推进器力和力矩收敛曲线图。从图中可以看出，计算的收敛情况较好，当控制方程的连续方程平均残差（RMS P-Mass）达到 1×10^{-5}、动量方程平均残差均降至 1×10^{-4} 以下并基本保持平稳时，泵喷推进器被监测力和力矩值已经十分稳定，说明数值计算已经收敛。

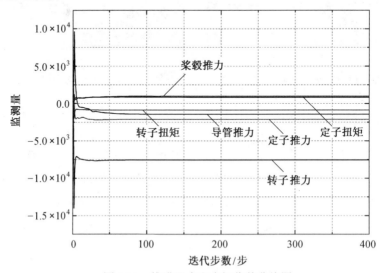

图 3.15　推进器力和力矩收敛曲线图

3.5.2　泵喷推进器敞水性能分析

为方便计算结果的显示和泵喷推进器水动力性能的分析，对相关物理量做无量纲化处理，见表 3.4。本书将旋转的转子叶片与转子轮毂壁面作为转子系统，把静止的导管、定子叶片、定子轮毂、导流帽、尾流罩壁面等作为定子导管系统。

表 3.4　无量纲化相关物理量

物理量	定义
转子推力系数	$K_{T_{\mathrm{t}}} = \dfrac{T_{\mathrm{t}}}{\rho n^2 D^4}$
转子转矩系数	$K_{Q_{\mathrm{t}}} = \dfrac{Q_{\mathrm{t}}}{\rho n^2 D^5}$
定子导管系统推力系数	$K_{T_{\mathrm{s}}} = \dfrac{T_{\mathrm{s}}}{\rho n^2 D^4}$
定子导管系统转矩系数	$K_{Q_{\mathrm{s}}} = \dfrac{Q_{\mathrm{s}}}{\rho n^2 D^5}$
总推力系数	$K_T = K_{T_{\mathrm{t}}} + K_{T_{\mathrm{s}}}$
总转矩系数	$K_Q = K_{Q_{\mathrm{t}}}$
敞水效率	$\eta = \dfrac{J}{2\pi} \times \dfrac{K_T}{K_Q}$

表 3.4 中，转子推力与转矩分别用 T_{t} 和 Q_{t} 来表示，定子导管系统的推力与转矩分别是 T_{s} 和 Q_{s}。以设计叶顶间隙尺寸 $\delta = 1$ mm 为例，泵喷推进器敞水性能计算结果见表 3.5。

表 3.5 δ=1 mm 时，泵喷推进器的敞水性能计算结果

J	K_{T_t}	K_{Q_t}	K_{T_s}	K_{Q_s}	η
0.98	0.830 505	0.355 783	0.551 182	0.339 852	63.61%
1.12	0.815 111	0.356 293	0.463 113	0.340 338	67.15%
1.23	0.800 683	0.355 272	0.379 185	0.339 380	67.99%
1.27	0.795 240	0.354 413	0.334 501	0.338 581	67.36%
1.31	0.788 369	0.353 407	0.295 597	0.337 675	66.96%
1.36	0.780 522	0.352 265	0.255 649	0.336 582	66.43%
1.46	0.760 073	0.348 440	0.160 760	0.333 104	64.07%
1.51	0.748 191	0.345 907	0.108 872	0.330 787	62.36%
1.57	0.733 975	0.342 367	0.047 709	0.327 524	59.74%
1.71	0.699 854	0.332 048	-0.086 216	0.318 000	52.50%

为了方便对泵喷推进器敞水性能计算结果进行比较与分析，根据表 3.5 中的计算结果绘制出了泵喷推进器敞水性能曲线，如图 3.16 所示。分析图 3.16 中曲线，结合表 3.5 中数据可以得出以下结论：

（1）从曲线数值大小上看，转子的推力相较于定子导管系统的推力有明显的提升，说明泵喷推进器的主要动力来自于转子推力。对于不同计算工况，转子推力和定子导管系统推力均与进速系数具有良好的线性关系，并且当进速系数大于 1.7 时，定子导管系统所产生的力变为阻力。也就是说，随着转子转速的增大，定子导管系统将对泵喷推进器产生推动作用。

（2）从曲线变化规律上看，随着进速系数的增大，转子推力、转矩系数和定子导管系统推力、转矩系数均不同程度地减小。其中，转子、定子导管系统推力系数与转矩系数随进速系数的增大几乎呈现线性减小，推力系数相对于转矩系数下降的幅度更大，而泵喷推进器的效率曲线则是表现为先升高后下降的趋势，主要原因是当进速系数较高时，推力系数减小的幅度远大于转矩系数，从而导致二者比值的下降，进而表现为推进器敞水效率的减小。由计算结果表明，当进速系数为 1.23（n=3 200 r/min）时，推进器敞水效率最大，达到 67.99%。

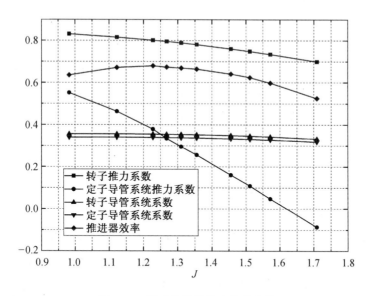

图 3.16　泵喷推进器敞水性能曲线

为了验证所设计推进器的平衡性，将表 3.5 中推进器的转子转矩系数与定子导管系统转矩系数进行对比。根据对比结果可知，转子转矩系数与定子导管系统转矩系数相差十分微小。当 $J = 1.71$ 时转子转矩系数与定子导管系统转矩系数之间差异最大，仅为 4.48%，这说明本书所设计的泵喷推进器的平衡性良好。

3.5.3　泵喷推进器压力场分析

（1）转子、定子叶片径向压力分布。

以设计叶顶间隙尺寸 $\delta = 1$ mm，转子转速 $n = 3\ 200$ r/min 所得的计算结果为例。图 3.17、图 3.18 分别为转子、定子叶片不同半径（即翼展方向的相对半径，分别为 Span（径向跨度）=0.3，0.5，0.7，0.9）位置处压力系数随各剖面弦线方向的分布图，压力系数 C_p 定义为

$$C_p = \frac{p - p_0}{0.5\rho U_0^2}$$

式中　p——当地压力值；

　　　p_0——远场参考压力值。

图 3.17、图 3.18 中，横坐标 x/c 表示取压点位置距导边距离 x 与弦长 c 的比值。由图可知，一方面，无论是转子叶片还是定子叶片的压力面与吸力面，在导边处与随边处均存在明显的压力梯度，但转子叶片的压力梯度较大，这表明载荷主要集中分布在此区域，而此区域也是较易发生空泡现象的位置，后文将对此进行详细说明，叶片其他大部分区域的压力分布则没有出现明显的梯度变化，分布较为均匀平缓。另一方面，随着半径的增大，转子叶片的压力面在靠近叶梢的位置处压力呈现先减小后增大的趋势，这主要因为转子叶片叶顶与导管内壁之间存在间隙，间隙流动的存在将会引起顶隙泄涡，其会与转子主流场发生混合，从而影响主流场的稳定性和均匀性，后文将会进一步探讨间隙流动的作用机理及其对主流场的影响。同时从图 3.17 中还可以看出，对于定子叶片压力，在靠近叶梢处也出现了类似转子叶片的压力分布规律，这也说明了转子域产生的间隙流的影响范围已扩展到定子域内，所以间隙流动的精细研究对于泵喷推进器导管内部流场分析是十分重要以及必要的。

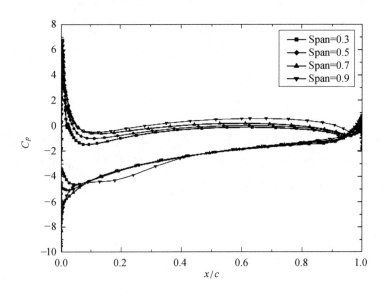

图 3.17　转子叶片不同半径位置处压力系数随各剖面弦线方向的分布图

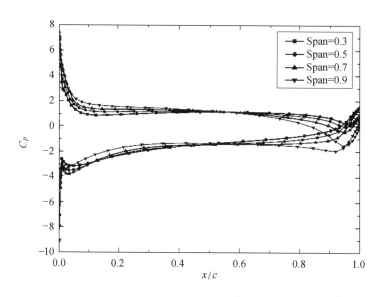

图 3.18　定子叶片不同半径位置处压力系数随各剖面弦线方向的分布图

（2）推进器通道内轴向压力分布。

图 3.19 所示为转子旋转域 4 个不同轴向位置通道截面（垂直于旋转轴截面，streamwise（流体流向位置）=0.2，0.4，0.7，0.9）的压力云图，由图可知：从流体的流动方向来看，流体开始进入转子域后（streamwise=0.2），受到转子的旋转加速作用（图中转子旋转角速度为垂直纸面向里），转子域内的流体被加速，转子压力面叶梢附近压力较大，起到推进流体发展的作用，而转子另一侧的吸力面则压力较低；当流体沿轴向进一步发展时（streamwise=0.4、0.7），通道内流体进一步被加速，转子域的整体压力水平明显提升，并且转子压力面的高压区域明显扩大，说明转子叶片所提供的推动作用更加突出；当通道内流体将要流出转子旋转域时（streamwise=0.9），转子压力面的高压区域几乎占据了大部分转子叶片，说明流体被加速的程度更深。从单个轴面的具体压力分布细节来看，在 streamwise=0.2、0.4 截面处，转子叶梢附近存在较为明显的低压区，这主要是由间隙流动所产生的顶隙泄涡引起的，此区域也是较易出现空泡现象的区域，随着间隙流动的进一步发展，其将对转子区域末端流场产生影响，再加上定子对转子流场的影响，最终增加了流动的不均匀性与不稳定性，于是产生了 streamwise=0.9 时（图 3.19（d））各转子通道内的压力分布不再具有良好周期性的现象。

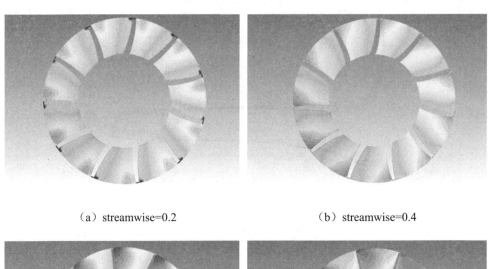

（a）streamwise=0.2 （b）streamwise=0.4

（c）streamwise=0.7 （d）streamwise=0.9

图 3.19 转子通道不同轴向位置横截面压力云图

（3）不同来流速度下的转子、定子叶片压力分布。

图 3.20 为不同来流速度下转子叶片压力分布云图，从图中可以看出，对于不同的来流速度，转子叶片压力最高处均出现在压力面的导边处，并且在桨毂处出现了极值，而转子叶片吸力面的压力水平较低，尤其是靠近导边叶梢位置附近有较为明显的低压区，这种现象与转子通道内的轴向压力分布规律相一致。除此之外，随着来流速度的增大，转子叶片压力面和吸力面的整体压力水平均有明显的降低，这也说明转子叶片此时所受到的力与力矩有所降低，进而表现为泵喷推进器整体所受推力和转矩的下降；同时，随着来流速度的增大，转子叶片叶梢导边处的低压区也不断增大，逐渐从导边叶梢位置处向整个叶片扩展，这种现象的出现无疑是对泵喷推

进器的空泡性能以及噪声性能不利的。上述现象发生的原因：来流速度的增加，造成了泵喷推进器导管内部流场流体速度的升高，而转子的转速并没有改变，所以转子自身对管道内流体做功减小，在轴向上的作用力也随之减小，进而表现为压力随来流速的增大呈减小的趋势；同样对于吸力面来说，转子转速不变则表明切向速度保持不变，而来流速度的增大引起了切向速度的增大，造成了流体速度方向与轴向之间的夹角变小，从而形成叶片低压区域，并且随着来流速度的增大，夹角持续减小，低压区域不断扩展增大。

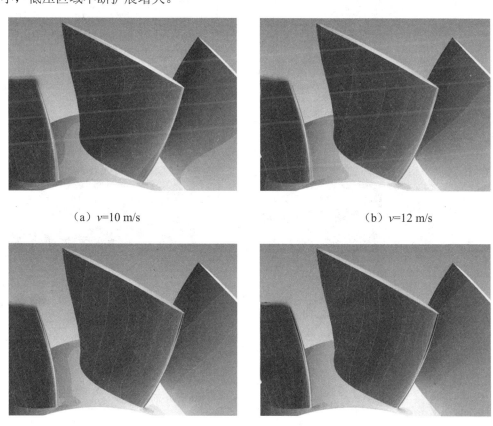

（a）v=10 m/s　　　　　　　　　　　（b）v=12 m/s

（c）v=15 m/s　　　　　　　　　　　（d）v=17 m/s

图 3.20　不同来流速度下转子叶片压力分布云图

图 3.21 为不同来流速度下定子叶片压力分布云图，从图中可以看出，对于不同的来流速度，定子叶片压力面和吸力面的压力分布规律与转子叶片的基本相同，这

主要是因为转子、定子之间距离较小，定子域流场受转子域流场影响较大，基本保持了转子域流场的压力特性；但是由于定子具有明显的反向速度梯度，并且定子可以通过对流体做功将一部分切向速度转化为轴向速度，从而产生一小部分额外推力，因此来流速度增大所引起的定子叶片压力分布的变化不如转子叶片明显。

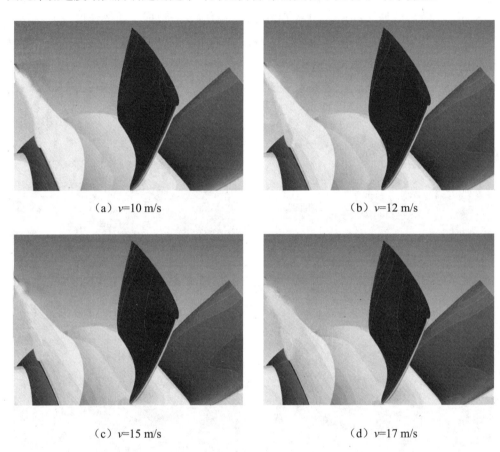

（a）v=10 m/s   （b）v=12 m/s

（c）v=15 m/s   （d）v=17 m/s

图3.21　不同来流速度下定子叶片压力分布云图

（4）导管压力分布。

图3.22给出了泵喷推进器导管内外壁的压力分布云图。从图中可以看出，导管外壁压力分布较为均匀，在导管的前端存在较为明显的压力梯度，这主要是由来流的冲击造成的，同时导管前端压力较大，表明加速型导管起到了加速来流的作用，利于提高推进器的效率。

图 3.22　泵喷推进器导管内外壁的压力分布云图

3.5.4　泵喷推进器速度场分析

图 3.23 是泵喷推进器导管内不同轴向位置处的各速度分量（轴向、切向与径向速度）的径向分布图，x 为监测点的叶高，r 为转子半径，V_a/U 为轴向速度分量与来流速度的比值。从图中可以看出在转子预旋区（转子盘面前），轴向速度占主要部分，切向速度与径向速度基本保持稳定，没有明显梯度，这主要是因为转子预旋区是外域与转子域之间的交界面，其受外流场的影响较大，所以其保有外域速度场的特性，同时受到泵喷推进器前方导流帽边界层效应的影响，轴向速度沿径向呈现不断增大的趋势，而在此区域尚未受到转子旋转的作用，切向速度与径向速度基本保持不变。对于转子盘面区，仍是以轴向速度为主，切向速度与径向速度为辅，转子盘面区轴向速度不断增大，说明转子叶片起旋转加速的作用，同时转子盘面区的轴向速度整体高于转子预旋区，但在靠近叶梢处轴向速度出现了下降的趋势，这是因为在叶顶间隙区，流场受到间隙流动与叶顶边界层黏性力的综合影响，使叶顶附近轴向速度下降，后文将对此进行详细的解释。转子的高速旋转，使得该区域的径向速度有了明显的增大。在转定子间区，轴向速度基本保持与转子盘面区相同的趋势，由于受到定子流场的影响，部分切向速度被吸收，所以切向速度有所减小，但在靠近桨毂和叶顶区域，受到边界层的影响，切向速度有较大梯度，而径向速度仍基本保持恒定。对于定子盘面区，以轴向速度为主，但靠近叶顶处轴向速度仍会下降，说明转子盘面区的速度场已经影响到定子盘面，定子的逆向速度梯度使切向速度进一步下降。在导管出口区，轴向速度的变化趋势与导管内速度场各位置相同，说明转子盘

面速度场的影响范围已经延伸到导管出口区，并且该区域的轴向速度在数值上是最大的，表明流体经过导管内部通道后受到了明显的加速作用，切向速度在导管出口处下降较为明显，上述现象说明定子很好地吸收了转子尾流场的部分旋转动能。

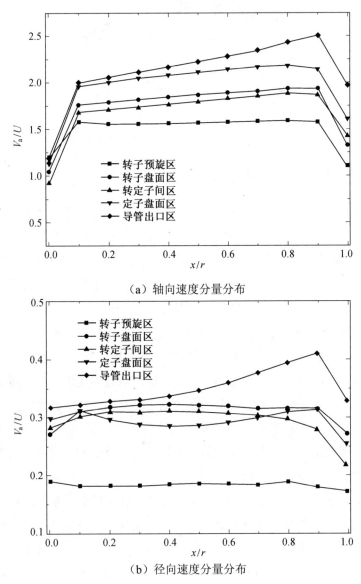

（a）轴向速度分量分布

（b）径向速度分量分布

图 3.23　导管内不同轴向位置处的各速度分量的径向分布

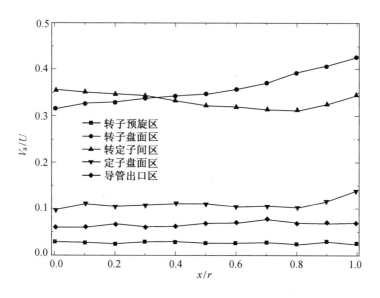

（c）切向速度分量分布

续图 3.23

　　图 3.24 是泵喷推进器周围绕流场的流线分布图。由图可得，泵喷推进器的外部流场速度基本呈线性化分布，流场结构较为清晰简单，属于大空间的外流问题，而导管内流场的流动空间较小，导管内流的流动主要是由切向的高速旋转运动与轴向运动以及部分涡旋运动相互叠加而成，因此内流场的速度流线分布更为复杂；同时内流场的构成也相对复杂得多，速度场在内流场中以规则和无规则的脉动形式存在，因此在数值上也存在着较大的差异，而外流场由于分布空间较大，其结构形式和数值方面均相对单一；除此之外，从内外流场二者之间的关系看，以泵喷推进器为研究对象，内流场是动力场，外流场则是阻力场，导管内流场产生的流场运动对外流场起直接的影响作用，而外流场又以动量交换的方式对内流场发挥着作用，因此二者既具有各自的独立特性，又在物理过程上是统一的。图 3.25 给出了泵喷推进器外流场纵剖面的速度云图，加速型导管加速了进入内流场的来流，利于提高泵喷推进器的效率；同时结合流线分布图（图 3.24）可以看出，推进器尾流中出现了明显的高速喷流现象，说明推进器强烈地加速了内流场，推进效果明显。

图 3.24　泵喷推进器周围绕流场的流线分布图

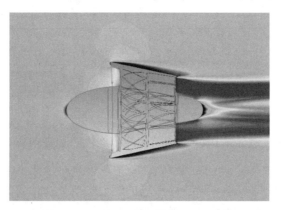

图 3.25　泵喷推进器外流场纵剖面的速度云图

3.6　本 章 小 结

本章在前文所设计泵喷推进器的基础上，应用 ANSYS ICEM 前处理软件对实体模型完成高质量结构化网格划分，基于 CFD 方法与 SST $k\text{-}\omega$ 湍流模型，采用 ANSYS CFX 软件对泵喷推进器内外流场进行一体化的数值模拟计算，完成所设计泵喷推进器的水动力性能预估，具体计算结果如下：

（1）选取了经典四叶侧斜桨 E779A，采用前文建立的数值模拟计算模型与方法，对 E779A 桨不同工况下的敞水性能完成了 CFD 计算与分析，并将计算结果与试验结果进行比较，二者结果具有较高的一致性，说明本书的计算方法与模型具有一定的实用性与可靠性。

（2）针对所设计的泵喷推进器，对不同进速系数下的水动力性能进行了数值仿真。结果表明：转子的推力在数值上相较于定子导管系统的推力有明显提升，说明泵喷推进器的主要动力来自于转子推力；随着进速系数的增大，转子推力、转矩系数和定子导管系统推力、转矩系数随进速系数的增大均出现下降，而推进器的效率曲线则表现为先升高后下降的趋势，主要原因是当进速系数较高时，推力系数减小的幅度远大于转矩系数，从而导致二者比值的下降，进而表现为推进器敞水效率的减小。当进速系数 J 为 1.23（n=3 200 r/min）时，推进器敞水效率最大，达到 67.99%；转子和定子导管系统的转矩系数相差微小；当进速系数 J=1.71 时，转子转矩系数与定子导管系统转矩系数之间差异最大，仅为 4.48%，这说明本书所设计的泵喷推进器的平衡性良好。

（3）无论是转子叶片还是定子叶片的压力面与吸力面，在导边处与随边处均存在明显的压力梯度，而此区域也是较易发生空泡现象的位置；由于受到顶隙泄涡的影响，转子叶片的压力面在靠近叶梢的位置处压力呈现先减小后增大的趋势；通过比较通道内的轴向压力分布可以发现，流体在通道内经过转子叶片后明显被加速，同时转子域受定子域的影响，周期性减弱；随着转速的增大，转子、定子叶片的压力均明显降低。

（4）对泵喷推进器不同轴向位置各速度分量的周向与径向分布进行了计算与分析。结果显示：对于周向分布，任何轴向位置的轴向速度分量均为大量，在转子入口处，由于转子域具有良好的周期性，所以切向速度较小；在转子、定子之间，经过转子的旋转与加速，轴向速度和切向旋转速度在数值上都明显变大；由于受到外流场的干扰，轴向速度的脉动特性变得较为无序，周期性被破坏；由于定子的作用，切向速度和径向速度出现了明显的降低；对于径向分布，轴向速度通过导管被明显加速，转子盘面的速度场的影响范围已经延伸到导管出口区域。

第4章　泵喷推进器空化性能的数值预报与研究

4.1　引　　言

当液体内部的局部压强降低到当地的液体汽化压强之下时，在液体内部或液固交界面上就会产生蒸汽或气体的空穴，这种现象称为空化。通过本书第 3 章对泵喷推进器水动力性能的计算与分析可以发现，在泵喷推进器运行过程中，转子叶片吸力面导边叶梢处与叶顶间隙处均出现局部低压涡核，极易诱导气核的出现进而发生空化，而空化的发生、输运与发展无疑是对泵喷推进器十分不利的，将不可避免地破坏泵喷推进器管道内部流场的稳定性，降低泵喷推进器的工作效率，造成不必要的机械振动并引起空化噪声，因此合理有效地减少或者避免空化现象的发生，探究空化初生的机理、条件及其对推进器性能的影响等方面的研究是十分必要且有意义的。

本章在前文泵喷推进器水动力计算的基础上，基于 CFD 理论，结合修正湍流模型和 Z-G-B 空化模型，分别以 NACA66 水翼与 E779A 桨为研究对象对空化数值计算方法进行验证。在此基础上，对泵喷推进器空化流场进行了数值模拟，得到了泵喷推进器空化状态下的水动力性能曲线，转子、定子叶片空化云图与压力分布等数值计算结果；通过对不同转子转速、来流速度与空化数下空化流场的可视化后处理，揭示了主要设计参数对推进器空化流场的影响规律；对所设计泵喷推进器的空化特性进行总结，为控制与分析泵喷推进器空化流场提供一定的理论依据。

4.2　数值计算方法

4.2.1　修正控制方程与湍流模型

对于三维不可压缩单相流体，基于黏性流理论数值求解 RANS 方程，其控制方程如下：

$$\frac{\partial \rho u_j}{\partial x_j} = 0 \tag{4.1}$$

$$\frac{\partial (\rho u_j)}{\partial t} + \frac{\partial (\rho u_i u_j)}{\partial x_j} = \frac{\partial}{\partial x_j}\left(\mu \frac{\partial u_i}{\partial x_j}\right) + \frac{\partial \tau_{ij}}{\partial x_j} - \frac{\partial p}{\partial x_i} + S_{\mathrm{M}} \tag{4.2}$$

式中　i、j——空间六自由度笛卡儿坐标系的 3 个方向，i、$j=1$，2，3；

　　　x_i、x_j——空间坐标分量；

　　　τ_{ij}——雷诺剪切应力；

　　　u_i、u_j——绝对速度；

　　　S_{M}——科氏力与离心力的合力。

当发生空化时，通常将空化流体表示为水和水蒸气的两相混合物，同时引入密度场，使气液混合两相流模型在相变过程中的相互影响和相间滑移速度得以体现。而均质多相流体较单相流体的控制方程，需将 ρ 和 μ 分别替换为混合密度 ρ_{m} 和混合黏性系数 μ_{t}，混合密度 ρ_{m} 的表达式如下：

$$\rho_{\mathrm{m}} = \alpha_{\mathrm{v}} \rho_{\mathrm{v}} + (1 - \alpha_{\mathrm{v}}) \rho_{\mathrm{l}} \tag{4.3}$$

式中　α_{v}——气相的体积分数

　　　ρ_{v}——气相的密度；

　　　ρ_{l}——液相密度。

本书数值模拟时所使用的 SST k-ω 湍流模型，能够很好地处理流场中逆向压力梯度改变问题，对于泵喷推进器叶顶间隙流场数值模拟具有较高的计算精度。然而 SST k-ω 湍流模型最初是为了解决单相流数值模拟问题的，而没有考虑可压缩流动中气-液混合的多相流动问题，从而引起湍流黏度 μ_{t} 数值偏大，进而使得流场空泡的输运出现偏差。由于两相混合流场具有局部可压缩的特性，为了进一步使泵喷推进器空化流场数值计算结果准确可靠，因此本书将 SST k-ω 湍流模型中的 μ_{t} 进行适当修正，即

$$\mu_{\mathrm{t-mod}} = \mu_{\mathrm{t}} f(n) \tag{4.4}$$

$$f(n) = \frac{\rho_v + \alpha_1^n(\rho_1 - \rho_v)}{\rho_v + \alpha_1(\rho_1 - \rho_v)} \tag{4.5}$$

通过引入液相体积分数，减小气-液两相混合流场的湍流黏度。$n=1$ 时，该式为经典 SST $k-\omega$ 湍流模型的湍流黏度项。当 $n=3$ 时，某水下翼型（Hydrofoil）吸力面的空化特性，其数值计算结果与试验检测值具有较高的一致性。所以，本书在进行推进器空化流场数值计算时设定 $n=3$。

4.2.2 空化模型

空化模型是一种描述气相与液相之间相互转化的数学模型，常见的空化模型如下。

（1）Kubota 模型。Kubota 模型是较早提出的一种经验空化模型，其具体形式为

$$R_e = -C_e \frac{3\alpha_v \rho_v}{R_B} \sqrt{\frac{2}{3} \frac{p - p_v}{\rho_1}} \tag{4.6}$$

$$R_c = C_c \frac{3\alpha_v}{R_B} \sqrt{\frac{2}{3} \frac{p - p_v}{\rho_1}} \tag{4.7}$$

式中　R_e——空化生成速率；

　　　R_c——空化凝结速率；

　　　p_v——当地饱和蒸气压；

　　　R_B——空化半径，取 1 μm；

　　　C_e、C_c——模型常数，$C_e=50$，$C_c=0.01$。

（2）Merkle 模型。Merkle 模型也是一种经验空化模型，只引入了流场特征速度和特征时间对空化效应进行控制，具体形式为

$$R_e = \frac{C_{prod} \max[0, \ p - p_v](1 - \alpha_1)}{\left(\dfrac{1}{2}\rho_1 U_\infty^2\right)t_\infty} \tag{4.8}$$

$$R_c = \frac{C_{dest} \rho_1 \min[0, \ p - p_v]\alpha_1}{\rho_v \left(\dfrac{1}{2}\rho_1 U_\infty^2\right)t_\infty} \tag{4.9}$$

式中　U_∞——特征速度；

　　　t_∞——特征时间；

　　　C_{prod}、C_{dest}——模型常数，$C_{\text{prod}}=80$，$C_{\text{dest}}=1.0$。

（3）Kunz 模型。Kunz 模型是在 Merkle 的研究基础上提出的。该模型采用两种不同的方法来处理质量传输率的表达式。

$$R_{\text{e}} = \frac{C_{\text{prod}}\rho_{\text{v}}(1-\alpha_{\text{v}})\max(0,\ p-p_{\text{v}})}{\rho_{\text{v}}\left(\dfrac{1}{2}\rho_{\text{l}}U_\infty^2\right)t_\infty} \tag{4.10}$$

$$R_{\text{c}} = \frac{C_{\text{dest}}\rho_{\text{v}}(1-\alpha_{\text{v}})^2}{t_\infty} \tag{4.11}$$

其中，$C_{\text{dest}}=9\times10^5$；$C_{\text{prod}}=3\times10^4$。

（4）Singhal 模型。Singhal 模型又称为全空化模型（Full Cavitation Model），是气体质量分数输运模型。其质量传输率表达式为

$$R_{\text{e}} = F_{\text{vap}}\frac{\max(1.0,\ \sqrt{k})(1-\alpha_{\text{v}}-\alpha_{\text{g}})}{\sigma}\rho_{\text{l}}\rho_{\text{v}}\sqrt{\frac{2}{3}\cdot\frac{(p_{\text{v}}-p)}{\rho_{\text{l}}}} \tag{4.12}$$

$$R_{\text{c}} = F_{\text{cond}}\frac{\max(1.0,\ \sqrt{k})\alpha_{\text{v}}}{\sigma}\rho_{\text{l}}\rho_{\text{v}}\sqrt{\frac{2}{3}\cdot\frac{(p_{\text{v}}-p)}{\rho_{\text{l}}}} \tag{4.13}$$

式中　F_{vap}——汽化率，$F_{\text{vap}}=0.02$；

　　　F_{cond}——凝结率，$F_{\text{cond}}=0.01$。

（5）Zwart-Gerber-Belamri（Z-G-B）模型。Z-G-B 模型基于 Rayleigh-Plesset 动力学方程，将两相连续性方程进行变形，引入非凝结性气核（Non-Condensable Gas，NCG），其空化模型总结如下：

$$R_{\text{e}} = F_{\text{vap}}\frac{3\alpha_{\text{NCG}}(1-\alpha_{\text{v}})\rho_{\text{v}}}{R_{\text{B}}}\sqrt{\frac{2}{3}\frac{(p_{\text{v}}-p)}{\rho_{\text{f}}}} \tag{4.14}$$

$$R_{\text{c}} = F_{\text{cond}}\frac{3\alpha_{\text{v}}\rho_{\text{v}}}{R_{\text{B}}}\sqrt{\frac{2}{3}\frac{(p_{\text{v}}-p)}{\rho_{\text{f}}}} \tag{4.15}$$

式中　R_{B}——空化半径，$R_{\text{B}}=1\ \mu\text{m}$；

F_{vap}——汽化率，$F_{vap}=50$；

F_{cond}——凝结率，$F_{cond}=0.01$；

α_{NCG}——非凝结气核在混合相中所占比例，$\alpha_{NCG}=5\times10^{-4}$。

考虑湍流脉动压力 p_{turb} 对汽化压力的影响，对 p_v 修正如下：

$$p_v = p_{sat} + \frac{p_{turb}}{2} \tag{4.16}$$

$$p_{turb} = 0.39\rho_m k \tag{4.17}$$

式中　p_{sat}——饱和蒸气压；

　　　k——湍动能。

Kubota 模型、Merkle 模型、Kunz 模型这 3 种空化模型在处理可压缩流体空化问题及水翼空化问题上得到了广泛应用，但这 3 种空化模型都是基于经验得到的，不可避免地有局限性。而 Singhal 模型和 Z-G-B 模型均是基于球形气泡 Reyleigh-Plesset 动力学方程所得到的空化模型，二者的理论依据更强，同时 Z-G-B 模型中考虑到了 NCG 对于混合流的密度、压力和速度，尤其是 NCG 的体积分数对于推进器片状空化、梢涡空化的起始和发展具有的显著影响，将 NCG 引入空化模型中，进而使空化数值模拟计算结果更加可靠与真实。综上所述，本书选取 Z-G-B 模型完成对泵喷推进器空化特性的分析与研究。

4.2.3　边界条件和求解参数设置

与泵喷推进器水动力性能数值计算类似，采用 ANSYS CFX 软件对泵喷推进器整体流场进行数值模拟，采用 RANS 雷诺时均法对三维流场进行求解，并采用修正 SST $k-\omega$ 湍流模型和 Z-G-B 空化模型封闭。使用有限体积法（Finite Volume Method）完成离散，SIMPLEC 算法被用来处理速度与压力耦合，空间域与时域的离散分别采用高分辨率混合差分与一阶欧拉后插格式，各种变量和湍流黏性参数采用二阶迎风格式。流场计算域进口采用速度入口，$u = U = 40$ kn，$v = w = 0$（u 为边界条件中速度入口 x 方向的值；U 为来流速度；v，w 为其他两个方向的速度），出口采用静压出口，通过控制出口边界压力 p_{out} 来获得不同的空化数 σ，$\sigma = (p_{out} - p_\infty)/(0.5\rho U^2)$，$p_{out}$ 为计算域出口压力，$p_\infty = 0$ Pa。导管壁面、导流帽、尾流罩、定子叶片及轮毂表面均设为无滑移壁面（No Slip Wall）；转子叶片及转子轮毂设为旋转壁面；计算域圆柱面边界设为自由滑移壁面（Free Slip Wall）。旋转域和静止域之间的动静耦合通过创建固定转子（Frozen Rotor）交界面实现。流场流体物理属性参数：温度 $T = 25$ ℃，水饱和蒸气压力 P_{sat}=3 540 Pa，液体密度 $\rho =$ 1 000 kg/m^3，气相密度 ρ_v=25.28 kg/m^3。

4.3　数值计算方法验证

为了对所设计泵喷推进器空化性能数值方法的准确性进行验证，本书选取 NACA66 水翼与 E779A 桨分别作为计算模型，采用前文所建立的空化性能数值计算方法，基于修正 SST k-ω 湍流模型和 Z-G-B 空化模型，分别对 NACA66 水翼与 E779A 桨进行空化性能数值模拟，通过对计算结果的分析比较，完成对空化数值计算方法的验证。

4.3.1　NACA66 水翼空化模拟

NACA66 水翼计算域与边界条件如图 4.1 所示。设：L 为翼型的翼长，翼型上游来流方向取为 $4L$，尾部去流区域长取为 $6L$，攻角 $\alpha = 1°$；NACA66 水翼壁面为无滑移壁面，计算域壁面为自由滑移壁面。

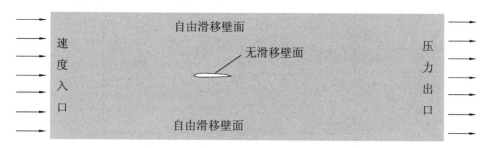

图 4.1　NACA66 水翼计算域与边界条件

整个 NACA66 水翼计算域由 20 384 个结构化网格节点组成。图 4.2（a）（b）所示分别为 NACA66 水翼表面的空化数值模拟云图和空化试验照片。由图可见，空化出现在翼型尾段的上表面，同时空化数值模拟的结果，包括空化形成的位置与形状等均与试验照片吻合较好。

（a）空化数值模拟云图　　　　　　　　（b）空化试验照片

图 4.2　NACA66 水翼数值空化数值模拟云图与试验照片对比

图 4.3 所示为两种典型空化数 σ 条件下 NACA66 水翼吸力面的压力系数 C_p 沿弦线方向的分布。由图 4.3 可见 NACA66 水翼压力系数沿着水翼的轴向逐渐增大，并且数值模拟计算结果与试验结果一致性较好。

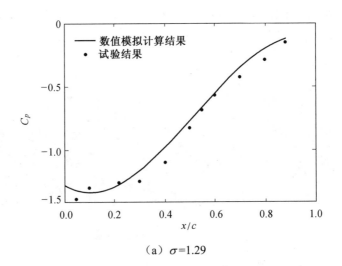

（a）σ=1.29

图 4.3　不同空化数 σ 条件下 NACA66 水翼吸力面的压力系数 C_p 沿弦线方向的分布

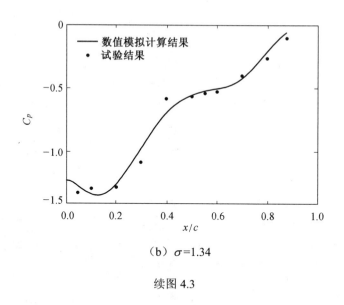

（b）σ=1.34

续图 4.3

4.3.2　E779A 桨空化模拟

E779A 桨空化性能数值模拟边界条件设置及网格划分与第 3 章水动力性能验证一致；流场流体物理性质与 NACA66 水翼空化模拟设置一致。

针对 E779A 桨的三个典型进速系数 J = 0.71、0.77 和 0.83 分别进行定常空化性能数值模拟，并将数值模拟计算结果与试验结果相对比。图 4.4 所示为 E779A 桨叶空化面积与试验照片对比。从图中可以看出，E779A 桨空化现象首先出现在桨叶压力面叶梢部分，这与泵喷推进器水动力计算时低压出现的区域具有相似性，并且随着进速系数的增大空化现象愈加明显，发生空化的区域也在不断扩大，逐渐从叶梢扩展到整个叶片。通过对比数值模拟计算结果与试验照片可以发现，数值模拟结果与试验照片在空化区域的位置、形状等方面均吻合较好，但对低进速系数下的梢涡空化二者略有差异，这可能与在叶梢部分的网格质量与模型差异有关。

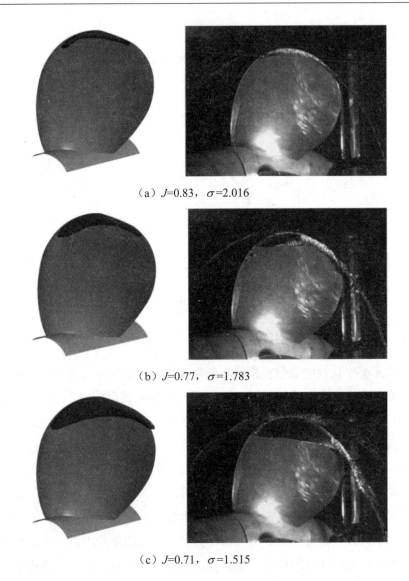

（a）J=0.83，σ=2.016

（b）J=0.77，σ=1.783

（c）J=0.71，σ=1.515

图 4.4　三种典型空化数下，E779A 桨叶空化面积与试验照片对比

图 4.5 为 E779A 桨在不同空化数下的效率曲线。当空化数大于 2.2 时，E779A 桨的效率基本不再发生明显的变化，同时数值模拟计算结果与试验结果基本一致。通过对比两种进速系数下的效率曲线可以发现，进速系数越低，其效率对空化的变化越敏感，即当 J=0.83 时，随着空化数的增大其效率曲线的变化不如 J=0.71 明显。分析其原因主要是在低进速系数时，螺旋桨的转速较高或受到的载荷较大，从而导

致螺旋桨的空化强度更大,对水动力性能影响更大,所以低进速系数的效率对空化数的变化更为敏感。

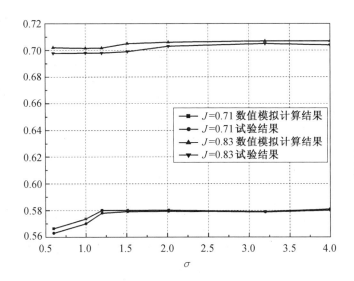

图 4.5　E779A 桨在不同空化数下的效率曲线

通过对 NACA66 水翼与 E779A 桨的定常空化性能数值模拟可知,在本书所建立的空化数值计算方法的基础上,两种不同模型的数值模拟计算结果均与试验结果具有较好的一致性,从而验证了本书所建立的数值计算方法的准确性,提高了后文对所设计泵喷推进器的空化数值模拟计算结果的可信度。

4.4　空化数值计算结果与分析

4.4.1　数值计算收敛情况

选取叶顶间隙叶为 $\delta=1$ mm 的模型,预设转子转速 $n=3\,200$ r/min,速度入口为 40 kn,压力出口静压压力为 486 910.62 Pa。

首先利用 ANSYS CFX 在不加载空化模型的情况下对泵喷推进器进行定常数值计算直至计算结果收敛,之后以定常计算结果为初始值并加载空化模型继续进行计算。定常计算选取迭代步数为 120 步,在此基础上加载空化模型进行迭代计算,再经过约 120 步的计算,控制方程的连续方程平均残差达到 1×10^{-4} 并基本保持平稳,如图 4.6 与图 4.7 所示，空化气相体积分数数值和推进器监测量数值（力和力矩）已经稳定，可以认为计算已经收敛。

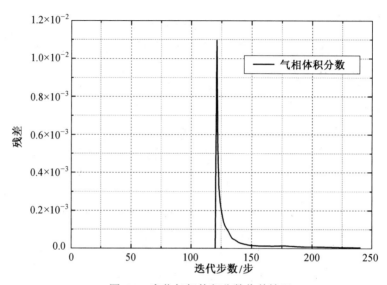

图 4.6　空化气相体积分数收敛情况

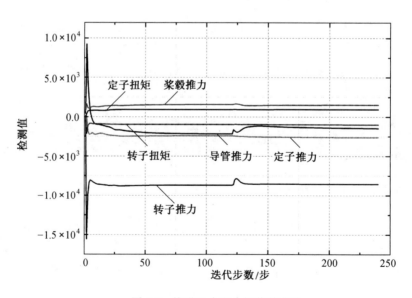

图 4.7　推进器力和力矩收敛曲线

4.4.2　泵喷推进器空化水动力性能分析

选取间隙尺寸 $\delta = 1$ mm 的泵喷推进器为计算模型，参考第 3 章泵喷推进器水动力性能的分析方法，保持出口压力 486 910.62 Pa 不变，对 8 种不同进速系数下的泵喷推进器空化水动力性能进行计算。表 4.1 是泵喷推进器在不同进速系数 J 下，转定子推力系数 $K_{T_t} + K_{T_s}$、转子转矩系数 K_{Q_t} 和效率 η 的计算结果。

表 4.1　空化水动力性能计算结果

J	$K_{T_t} + K_{T_s}$	K_{Q_t}	$\eta/\%$
0.982 5	0.965 432	0.339 604	44.23
1.122 9	1.067 441	0.343 999	55.48
1.173 1	1.076 932	0.344 050	58.47
1.228 1	1.041 390	0.330 300	59.85
1.267 7	1.006 524	0.338 635	60.00
1.355 2	0.909 153	0.334 340	58.68
1.455 6	0.787 754	0.329 865	55.35
1.572 0	0.631 323	0.319 873	49.41

为了能够更加直观与清晰地分析泵喷推进器空化水动力性能，以及空化发生前后水动力性能的变化情况，绘制如图 4.8 所示不同进速系数下泵喷推进器空化前后的效率-转速曲线。图 4.9 为空化前后推进器推力系数与转子转矩系数曲线的对比图。

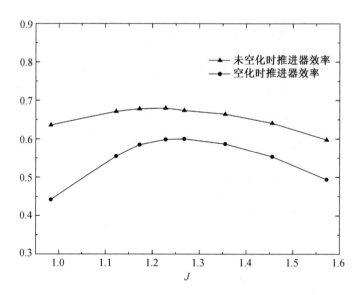

图 4.8　不同进速系数下泵喷推进器空化前后效率-转速曲线

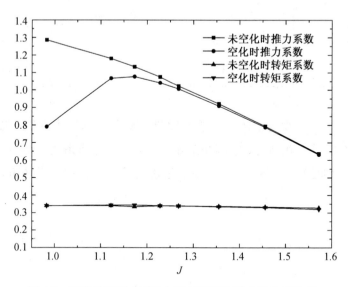

图 4.9　空化前后推力系数与转子转矩系数曲线的对比图

综合泵喷推进器空化时水动力计算结果,结合图 4.8 和图 4.9 中曲线可以得到如下结果:

(1) 无论是否发生空化,泵喷推进器的效率曲线的变化趋势是相同的,即随着进速系数的增大,泵喷推进器的效率呈现先增大后减小的趋势,均约在 $J=1.23$ 时达到最大。而由于空化现象的出现,导致了部分推进器叶片工作在气体中,从而引起转子和定子提供的推力和转矩减小,进而导致了泵喷推进器敞水效率的下降。同时,由于泵喷推进器的效率是由转子转速、来流速度、转子和定子推力系数、转矩系数综合决定的,因此随着转速的变化,推力和转矩变化的程度不一样,因而导致了空化后效率呈现先增加后减小的趋势。

(2) 对比空化发生前后的结果可知,当泵喷推进器出现空化现象后,推进器效率有明显的下降。特别在进速系数较低时,推进器效率下降得更为明显,降低幅度最大为 19.38%($J=0.98$)。反观进速系数较高时,推进器效率下降并没有像低进速系数时那么突出,说明了所设计的推进器抗空化性能在高进速系数时较好。对比图 4.10 和图 4.11 可以发现,在较高进速系数时,发生空化的区域较小,集中在转子吸力面的叶梢处,此时引起的泵喷推进器效率降低的幅度较小,而随着进速系数的不断降低,推进器叶片出现空化面积也随之越来越大,同时在定子叶片也出现空化现象,从而导致了推进器整体推力相较于高进速系数时下降幅度更大,进而也解释了低进速系数时效率下降更为明显的原因。

图 4.10　n=3 400 r/min 时的空化区域

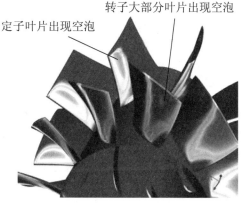

图 4.11　n=4 000 r/min 时的空化区域

（3）从图 4.9 中可以看出，对于不同进速系数，推进器的推力较未发生空化时有所下降，趋势与效率曲线相同，即先增大后减小，与效率曲线一致，并在低进速系数时下降得更为明显，这主要是因为低进速系数状态下，定子部分叶片也工作在气体中，造成了推力的急剧下降。而推进器的转矩在空化发生前后变化基本不变，说明空化对于推进器转矩基本没有影响，而推进器的效率变化主要由推力所决定，同时也进一步地说明了所设计的泵喷推进器具有良好的平衡性。

图 4.12 与图 4.13 所示分别为 J =1.23 时，泵喷推进器转子、定子叶片发生空化现象后不同半径位置处（Span=0.2、0.5、0.8、0.9）压力系数沿弦向的分布图。从图中可以看出，转子、定子叶片的压力分布与未发生空化时在整体趋势上基本相似，即在定子和转子的压力面与吸力面的导边处均出现了较大的压力梯度；在叶片的中部区域压力梯度消失；在靠近叶片随边位置时，再次出现了压力梯度的变化，但幅度明显小于导边处。除此之外，当叶片出现空化后，在转子叶片吸力面靠近导边的位置处出现一小段十分平整的曲线，其值较小且基本维持保持不变，同时随着 Span 的增大，此段曲线也随之增长，这主要是因为空化的出现使转子、定子叶片吸力面部分区域处于空化中，因而该区域的压力水平也较低，进而造成转子、定子需要在低压状态下运行，转子推力也随之下降，最终造成了泵喷推进器水动力性能的损耗。此现象与图 4.11 中 n =4 000 r/min 时的空化区域是一致的。

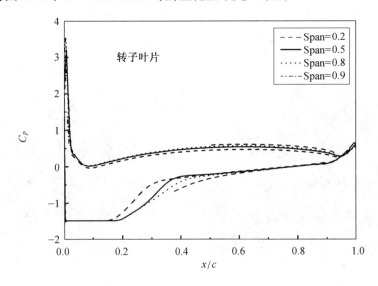

图 4.12 n=3 400 r/min 时转子叶片空化区域

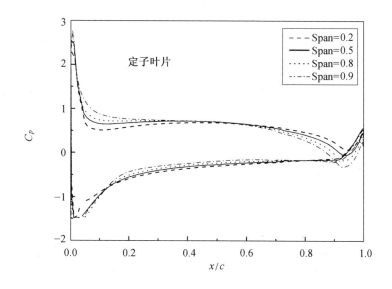

图 4.13 *n*=3 400 r/min 时定子叶片空化区域

进一步比较图 4.12 和图 4.13 可见，转子叶片与定子叶片均在靠近随边处压力具有明显的先减小后增大的趋势，这主要是由转子叶顶与导管之间存在的间隙所致。

图 4.14 所示为 *n*=3 200 r/min 时，不同轴向位置处发生空化前后压力分布云图对比。从图中可以看出，对于任何轴向位置处，发生空化后的整体压力水平低于未发生空化时。对比图 4.15（a）（b）可以发现，转子域中相同轴向位置处，空化出现后转子叶片压力面的高压区域明显减小，同时叶片吸力面处出现了明显的低压涡核区域，该区域的大小与前文叶片空化面积的分布规律相同；转子、定子之间的区域在发生空化前后的压力变化不如转子盘面明显，这是由于转子、定子间距较小，二者之间的流场特性是由转子、定子域共同作用决定的，所以该区域既有转子域高旋转不稳定性，又受到定子的反向速度梯度的影响，进而表现为图中空化前后压力变化较小的特性；图 4.15（e）（f）为定子域前段相同轴向位置处发生空化前后的压力云图，从图中可以看出，流体经过转子域后刚进入定子域，其仍然保持有转子域的流体特点，定子叶片也就不可避免地受到影响，从而表现出图 4.15（f）所示特点，在发生空化后定子叶片的低压区域扩大，但是由于定子叶片的反向稳流作用使得发生空化后叶片压力下降得不如转子域明显。结合图 4.15（g）（h）可以发现，在定子域后段，流体经过定子叶片的进一步稳流与发展，发生空化前后压力的区别更加微小，

这也说明了与传统推进器相比，泵喷推进器由于定子叶片的存在，不但可以转化部分旋转能提高其自身的效率，而且可以均匀稳定管道内流体，达到延缓和降低空化影响的作用，对于提升泵喷推进器的综合效能十分有益。

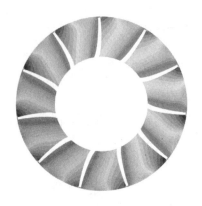

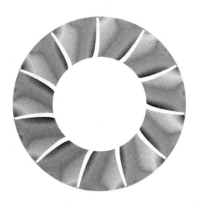

（a）转子域压力云图（未空化）　　　　　（b）转子域压力云图（空化）

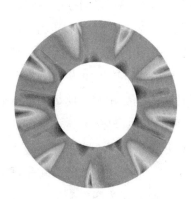

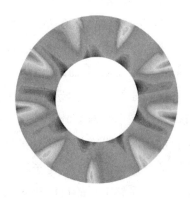

（c）转子、定子间压力云图（未空化）　　　（d）转子、定子间盘面压力云图（空化）

图 4.14　空化前后不同轴向位置压力分布云图对比

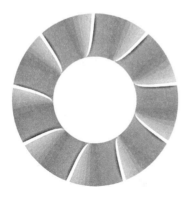 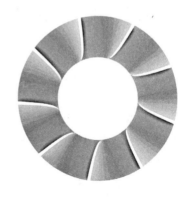

（e）定子域前段压力云图（未空化）　　　　（f）定子域前端压力云图（空化）

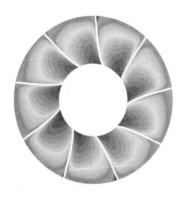 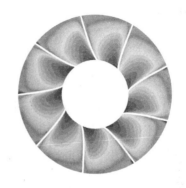

（g）定子域后段压力云图（未空化）　　　　（h）定子域后段压力云图（空化）

续图 4.14

4.4.3　主要设计参数对空化性能的影响

许多因素都会对泵喷推进器的空化性能产生直接影响，如转子转速、来流速度以及空化数等因素。因此，了解这些因素是如何对泵喷推进器的空化性能产生影响，并对影响规律做出分析与总结是十分必要和有意义的。

（1）转子转速对空化性能的影响。

以设计叶顶间隙尺寸 δ=1 mm 为例，图 4.15（a）～（f）所示分别为 n=2 100 r/min、n=2 500 r/min、n=2 700 r/min、n=3 200 r/min、n=3 350 r/min、n=3 500 r/min，6 种不同转速条件下，推进器转子、定子叶片的空化云图。通过对比 6 种不同转速下的空化云图可知：

①在第 3 章泵喷推进器水动力性能分析中可以发现，在转子导边上端（吸力面叶梢前缘）有较大的压力梯度，从而形成了低压重心；在转子叶顶的前端也由于叶顶梢涡等的影响，其中心区域压力较低。结合图 4.15 分析，泵喷推进器叶片的空化现象正是起始于上述两个区域——转子吸力面叶梢前缘与转子叶顶前端。当推进器低转速运行时，转子叶片的旋转作用导致流体经过转子叶片导边时产生了不连续性，从而在导边上端（吸力面叶梢前缘）处引起了梢涡，进而使局部低压发生空化；由于转子叶片处于旋转流场中，流经转子叶片的流体都被加速，尤其在叶顶前端加速最为明显，从而使该区域的压力下降明显，当其低于水的饱和蒸气压时便产生了局部空化现象。同时，随着转速的不断增大，不仅转子叶片吸力面发生空化的区域不断增大，而且定子域由于受到转子的影响，在定子叶片吸力面处也发生了空化现象，并且空化面积与强度均随着转速的增大而增大，造成泵喷推进器效能的进一步损失。

②随着转速的增大，不仅推进器的空化区域不断增大，而且空化的形式也呈现多样化。如图 4.15（c）～（e）所示，除了在低转速时发生空化的位置之外，在转子叶片吸力面上的空化区域不断增大，出现了类似 NACA66 水翼的片状空化现象，其强度也随着转速的提升而增强，同时，叶顶梢涡的面积与强度也随之增大，沿着叶顶前端不断向后方扩展；由于转速的增大，部分叶顶间隙内流体脱离叶片顶端"泄露"到通道内，从而在叶顶处出现了由泄涡引起的泄涡空化，但其强度并不是很强。

③对比图 4.15（b）～（d）以发现，转子叶片空化可根据结构与位置不同大致分为三类：片状空化、叶顶梢涡空化与泄涡空化。在转速较低时，吸力面片状空化、叶顶梢涡空化与泄涡空化之间的相互混合与影响并不是很明显。但随着转速的不断增大，各类空化区域与强度都随之增大，首先，叶顶梢涡空化与泄涡空化开始互相混合；之后，片状空化与泄涡空化开始混合；最终，三类空化之间完全混合并产生强烈的相互作用。如图 4.15（f）所示，当 $n=3\,500$ r/min 时，基本整个叶片吸力面与叶顶顶端都被空化所覆盖，此时的泄涡空化与其他两种空化之间的混合也最为明显。

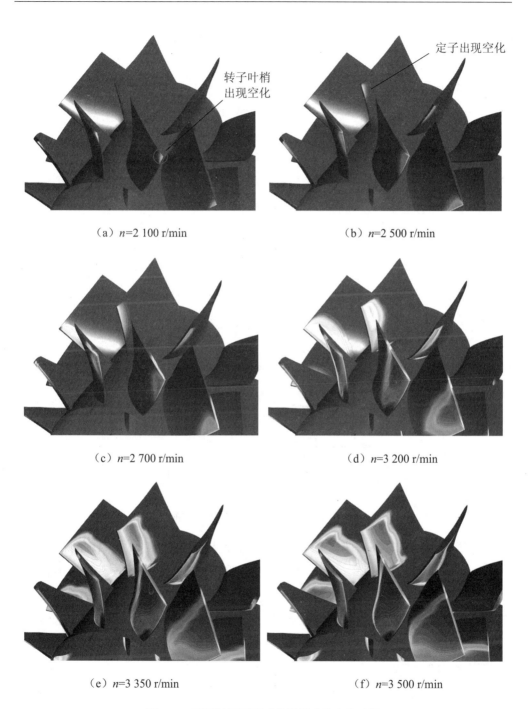

（a）n=2 100 r/min

（b）n=2 500 r/min

（c）n=2 700 r/min

（d）n=3 200 r/min

（e）n=3 350 r/min

（f）n=3 500 r/min

图 4.15　不同转速下泵喷推进器叶片空化云图

图 4.16 所示为不同转速下转子叶片的压力分布曲线。在相同转速下，对比转子叶片的压力面与吸力面的压力可以发现二者存在较大的差异，压力面处于相对高压区，而吸力面在导边叶梢前缘处有一部分区域的压力相对较低，并且随着转速的增大，吸力面的压力下降较压力面更为明显，从而致使吸力面的低压区域不断增大，这也很好地解释了泵喷推进器空化起始于吸力面叶梢前缘的原因。对比不同转速下的压力分布可知，压力面与吸力面的压力差随着转速的增大而增大，其直观的表现形式便是图 4.15（a）～（f），6 个图中叶片吸力面空化面积的不断增大引起了叶片空化强度的增强与水动力性能的损失增加。

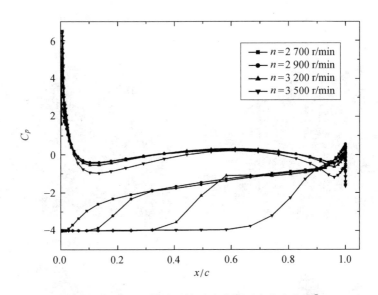

图 4.16　不同转速下转子叶片的压力分布曲线[①]

如图 4.17 所示为不同转速下转子盘面导边处截面空化云图，由图可以看出：不同转速下转子盘面的压力分布存在明显差别，随着转速的增大，转子盘面所处流体环境的整体压力是不断下降的，而对于任何转速，转子盘面吸力面处均存在低压区域，并且随着转速的增大，该区域不断扩大，这也与图 4.15 不同转速下的转子叶片空化云图相吻合，同时对于转子压力面，其处于相对的高压区，不易发生空化，这也与空化云图相一致。

---

① 注：由于 n=2 100 r/min、2 500 r/min、3 350 r/min 时特性相近，故未给出相应曲线。图 4.17 同理。

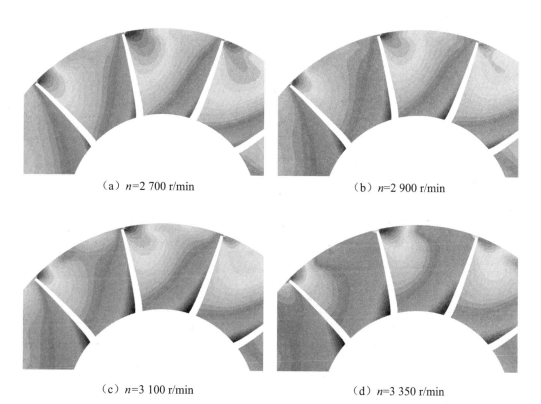

（a）n=2 700 r/min　　　　　　　　（b）n=2 900 r/min

（c）n=3 100 r/min　　　　　　　　（d）n=3 350 r/min

图 4.17　不同转速下转子盘面导边处截面空化云图

（2）来流速度对空化性能的影响。

以设计叶顶间隙尺寸 δ=1 mm 为例，图 4.18 所示是保持转子转速 n=3 200 r/min 不变，在来流速度 v = 12～30 m/s 之间的范围内取 5 个不同工况进行数值模拟，具体的计算结果见表 4.2。

由图 4.18 中可以看出，对于不同来流速度，未空化时效率与空化时效率曲线在趋势上大致是相同的，均是随来流速度的增大先增大后减小，但发生空化后，泵喷推进器效率增大趋势不如未空化时明显；当来流速度大于 20 m/s 时，泵喷推进器效率下降趋势更为明显。

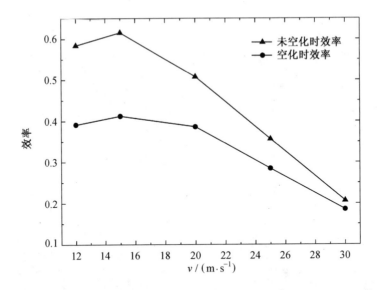

图 4.18　不同来流速度下泵喷推进器效率曲线

表 4.2　不同来流速度下泵喷推进器效率计算数据

来流速度/（m·s⁻¹）	J	未空化时效率/%	空化时效率/%
12	1.00	58.42	39.13
15	1.25	61.54	41.23
20	1.67	50.79	38.63
25	2.08	34.64	28.45
30	2.50	20.65%	18.56%

分析其原因主要是：来流速度的增大。经过转子的旋转加速，增加了流场所具有的旋转湍动能，从而使得推进器导管内流场更加不稳定。从另一个角度来说，来流速度的增大了推进器导管内部，尤其是转子盘面，甚至定子盘面的速度，从而在转子盘面易形成低压中心，利于空化现象的出现与发展。对比图 4.18 中两条曲线可以发现，在较低来流速度时，泵喷推进器的空化时效率较未发生空化时效率下降幅度更大，结合图 4.19（a）～（c）不同来流速度下转定子叶片的空化云图分析此现象的原因：在较小来流速度情况下，转子叶片吸力面的空化面积更大，基本覆盖了整个转子吸力面，而空化区域的增大则意味着更多的转子叶片处于气体中工作，这

必然会使转子产生的推力以及转矩降低，从而表现为图 4.18 所示的趋势，即泵喷推进器效率较未空化时更为明显地减小，虽然定子叶片具有稳定来流的作用，可以降低部分转子引起的高速剪切流，但是由于转定子之间距离较小，当来流速度降低到一定值后，定子的稳流作用被降低，同时定子叶片还受到转子流场的影响，定子叶片也不可避免地出现了空化现象，并且空化面积随着来流速度的减小而不断扩大，最终进一步加剧了泵喷推进器效率的下降。

（a）$v = 12$ m/s

（b）$v = 15$ m/s

（c）$v=25$ m/s

图 4.19　不同来流速度下泵喷推进器空化云图

（3）空化数对空化性能的影响。

选取间隙为 $\delta=1$ mm 的泵喷推进器模型，转子转速分别取 $n=2\ 500$ r/min、$n=3\ 200$ r/min、$n=3\ 500$ r/min，通过控制出口压力来使空化数 σ 在 1.75～3.5 之间变化，取若干空化数共 6 种工况进行模拟计算。表 4.3 给出了不同空化数下泵喷推进器敞水效率计算数据，图 4.20 给出了不同空化数下泵喷推进器的敞水效率变化曲线。图 4.21 为不同空化数下泵喷推进器叶片的空化云图。

表 4.3　不同空化数下泵喷推进器敞水效率计算数据

空化数	转速 $n/(\text{r·min}^{-1})$		
	2 500	3 200	3 500
1.75	50.89%	46.15%	40.68%
1.96	52.18%	47.13%	41.94%
2.15	53.75%	49.45%	43.30%
2.48	53.78%	49.47%	43.32%
3	53.81%	49.48%	43.35%
3.5	53.82%	49.51%	43.36%

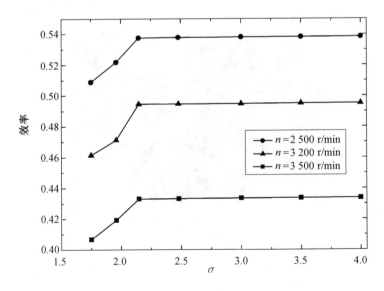

图 4.20　不同空化数下泵喷推进器的敞水效率变化曲线

从图 4.20 中可以看出，对于不同转速，随着空化数的增加，泵喷推进器的效率均呈现先增加后基本保持不变的规律。当空化数 $\sigma = 1.75$ 时，泵喷推进器的效率最低；当空化数 $\sigma > 2.48$ 时，泵喷推进器的敞水效率随着空化数的增加基本保持不变。结合图 4.21 中不同空化数下的空化云图，分析其原因：空化数 σ 较小意味着出口压力较低，此时泵喷推进器的转子与定子处于一个相对低压的区域中，从而使泵喷推进器在运行过程中在低压区域较易发生空化；随着空化数的不断增大，即出口压力也在不断增大，泵喷推进器转子、定子所处环境的流体压力也越来越大，越不容易发生空化，随着与饱和蒸气压之间的压力差值越来越大，叶片发生空化的区域也不断减小，当推进器流场压力值高于饱和蒸气压后，空化现象逐渐消失，推进器产生的推力和转矩便不再因空化而发生改变，从而所对应的泵喷推进器效率也基本保持不变。根据实际计算结果，当空化数 $\sigma \geqslant 2.77$ 时，泵喷推进器的空化现象消失。

（a）$\sigma = 1.75$

（b）$\sigma = 2.48$

（c）$\sigma = 3$

图 4.22　不同空化数下泵喷推进器叶片的空化云图

通过对比转子转速、来流速度与空化数对泵喷推进器空化性能的影响可以发现，来流速度与空化数对推进器空化性能的影响规律基本相同，即泵喷推进器空化现象的起始与发展规律相同，并且随着来流速度与空化数的增大，空化的区域与强度均呈现减小的趋势；而转子转速对推进器空化性能的影响规律却与上述二种影响因素呈相反的趋势，即随着转子转速的增大，泵喷推进器的空化现象无论是区域面积还是强度大小均呈现增大的趋势，甚至可以将转子转速对泵喷推进器空化性能的影响规律看成是其他两种因素的一个"逆过程"。

4.5 本章小结

本章在前文泵喷推进器水动力计算的基础上，基于 CFD 理论，应用修正湍流模型和 Z-G-B 空化模型，利用 ANSYS CFX 软件对泵喷推进器空化流场进行了数值计算，并且针对不同转子转速、不同来流速度与不同空化数等工况进行计算，分析得出这些要素对于泵喷推进器空化流场特性的影响规律，进而对泵喷推进器整体流场空化特性进行总结。具体结果如下：

（1）无论是否发生空化，泵喷推进器的敞水性能随着进速系数的增大均是呈现先增大后减小的趋势；空化发生后，约在 $J=1.23$ 时达到效率最大，为 54%；对比发生空化前后，泵喷推进器的效率出现了明显的降低，降低幅度最大为 19.38%（$J=0.98$）。反观进速系数较高时，推进器效率下降并没有像低进速系数时那么突出，说明了所设计的推进器抗空化性能在高进速系数时较好，这主要是因为在低进速系数时，除了转子叶片发生空化的区域较大，定子叶片也发生空化，从而进一步地降低了推进器效率；此外，也是由于部分定子叶片工作于空化气体中，造成了在低进速系数时，推进器推力下降较为明显。但是空化发生前后，推进器的转矩并未发生明显变化，说明泵喷推进器效率的变化主要由推力所决定。

（2）通过对比不同轴向位置处空化发生前后的压力云图可以发现，对于任何轴向位置处，发生空化后的整体压力水平压低于未发生空化时。对于转子域，空化出现后转子叶片压力面的高压区域明显减小，同时叶片吸力面处出现了明显的低压涡核区域；转子、定子之间的区域在发生空化前后的压力变化不如转子盘面明显，这是由于转定子间距较小，二者之间的流场特性是由转子域、定子域共同作用决定的，所以该区域既有转子域的高旋转不稳定性，又受到定子的反向速度梯度的影响，进而表现为空化前后压力变化较小的特性；对于定子域前段，由于定子域受到转子域流场的影响，从而表现在发生空化后定子叶片的低压区域扩大，但是由于定子叶片的反向稳流作用，使得发生空化后叶片压力下降得不如转子域明显，同时在定子域后段，流体经过定子叶片进一步的稳流与发展，发生空化前后压力的区别更加微小，这也说明了定子不但可以转化部分旋转能提高推进器的效率，而且可以均匀、稳定管道内流体，达到延缓和降低空化影响的作用。

（3）叶片的空化现象首先起始于转子吸力面叶梢前缘与叶顶前端。随着转速的不断增大，转子叶片与空子叶片吸力面发生空化的区域不断增大，并且空化面积与强度均随着转速的增大而增大，对泵喷推进器的效能造成进一步的损失。随着转速的增大，出现片状空化、叶顶梢涡空化与泄涡空化，并且三者之间的混合与相互作用随着转速的增大而变得更为明显与剧烈。

（4）对于不同来流速度，在高来流速度时，推进器效率的下降趋势更为突出，而在低来流速度时，泵喷推进器的空化效率较未发生空化时下降更明显，这主要是因为在较小来流速度情况下，转子叶片吸力面的空化面积更大，基本覆盖了整个转子吸力面，从而导致转子产生的推力以及转矩下降，同时定子叶片受到转子流场的影响，定子叶片也不可避免地出现了空化现象，并且空化的面积随着来流速度的减小而不断扩大，最终进一步加剧了泵喷推进器效率的下降。

（5）随着空化数的增加，泵喷推进器的效率均呈现先增加后基本保持不变的规律。当空化数 $\sigma = 1.75$ 时，泵喷推进器的效率最低；当空化数 $\sigma > 2.48$ 时，泵喷推进器的敞水效率随着空化数的增加基本保持不变。其原因主要是：空化数 σ 较小意味着出口压力较低，从而引起推进器在运行过程中在低压区域较易发生空化；随着空化数的不断增大，即出口压力也在不断增大，越不容易发生空化，当空化数进一步增大时，推进器的空化现象逐渐消失，从而所对应的泵喷推进器效率也基本保持不变。

（6）来流速度与空化数对推进器空化性能的影响规律基本相同，即随着来流速度与空化数的增大，泵喷推进器空化的区域与强度均呈现减小的趋势；而转子转速对推进器空化性能的影响规律却与上述二种影响因素呈相反的趋势，所以，我们甚至可以将转子转速对泵喷推进器空化性能的影响规律看成是其他两种因素的一个"逆过程"。

第5章 泵喷推进器间隙流场特性研究

5.1 引 言

泵喷推进器的转子叶顶与导管内壁存在一个很小的间隙——叶顶间隙，虽然叶顶间隙的尺寸很小，只有不到叶片尺寸的 1%，但是在叶顶间隙这个狭小空间内的流场却是整个泵喷推进器导管内流场中最为精密、复杂的，其影响范围不仅仅局限于转子域流场，甚至能扩展到定子域与导管出口处流场。同时，间隙流场产生的间隙流动通过与主流场的混合与相互作用对泵喷推进器的各项性能产生直接的影响。目前，关于泵喷推进器间隙流动开展的研究较少。因此，本章在前文对泵喷推进器三维复杂流场的水动力性能与空化特性研究工作的基础上，基于 CFD 理论，利用 ANSYS CFX 软件，完成不同间隙尺寸下泵喷推进器的建模与结构化网格划分工作，并且对泵喷推进器的间隙流场进行精细的后处理，完成对间隙流场特性的分析；重点研究间隙流动的形成机理与结构特点；对间隙流动所产生的顶隙泄涡的组成结构、输运与发展过程进行详细描述；总结间隙流场对泵喷推进器内主流场速度与压力的影响规律；分析不同间隙尺寸对泵喷推进器水动力性能与叶梢处速度的影响；研究间隙流场对泵喷推进器空化水动力与空化特性的作用及影响。

5.2 间隙流场特征分析

5.2.1 间隙流场结构与机理分析

间隙流场的形成与发展主要来源于两种驱动力：一是转子叶顶吸力面和压力面两侧压力差；二是转子叶顶与导管内壁之间的相对旋转运动。至于是哪一种因素对间隙流场的形成所起的作用更为关键，则主要取决于间隙的类型与尺寸大小、转子与导管内壁之间的相对运动速度以及导管内壁的粗糙程度等。由于转子叶顶与导管之间间隙的存在，使得转子叶片在高速旋转的过程中压力面的压力高于吸力面的压力。δ=1 mm、n=3 200 r/min 时，叶顶压差云图和叶顶流线如图 5.1 所示。同时转子的高速旋转与导管内壁之间存在相对运动，从而引起了部分流体从压力面回流到吸力面，最终在转子叶顶区域形成间隙流动。

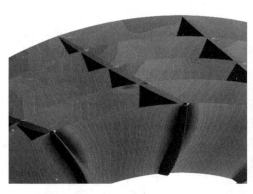 

（a）叶顶压差云图　　　　　　　　　　　（b）叶顶流线

图 5.1　δ=1 mm、n=3 200 r/min 时，叶顶压差云图和叶顶流线

流体经过叶顶间隙时，由于间隙尺寸的空间较小，间隙内流体的受力仍然以叶顶壁面和导管壁面边界层的黏性力为主，所以间隙内流体速度相对主流速度显得较小。当间隙流体经过间隙以后，由于受到转子旋转与压力面和吸力面压差的共同作用，形成的间隙流动在转子通道内进一步发展，出现局部低压，最终形成了"顶隙泄涡"。如图 5.2 所示，顶隙泄涡主要由两部分组成，一部分是由于转子叶片两侧的压力差而形成的压力面泄涡；另一部分则是由于叶梢导边处流体运动的不连续性以及转子的高速旋转而形成的顶隙扫涡。由前述章节泵喷推进器性能计算结果可知，在泵喷推进器工作时，局部低压中心首先出现在叶顶前端与叶梢附近的吸力面周围，而从图 5.2（a）中可以发现压力面泄涡首先出现并附着在叶梢吸力面上，随着转子的转动，根据图 5.2（c）所示的低压中心分布，间隙流动产生的压力面泄涡逐渐发展和增强，而压力面泄涡的低压中心也逐渐脱离转子吸力面，并沿着来流方向逐步向转子通道内移动，与转子通道内的主流强烈混合，并在转子通道中部位置表现出扩散性，也正是通过压力面泄涡的不断发展及其与主流的相互混合，使压力面泄涡

的影响范围扩展到了转子主通道。图 5.2（b）为导边叶梢处的流体运动不连续性以及转子的高速旋转形成的顶隙扫涡，从图中可以看出，顶隙扫涡起始于导边叶梢处并附着于叶顶与吸力面上，由图 5.2（c）所示的低压中心分布可以看出，顶隙扫涡在转子叶顶区域由导边向随边扩展与输运，在其输运过程中，一部分扫涡继续沿着叶顶向随边方向发展，最后在叶顶后端与主流混合和扩散，而另一部分则逐渐脱离叶顶区域，向转子通道内发展，最终在转子主通道内与压力面泄涡、主流混合和扩散。通过观察与对比压力面泄涡与顶隙扫涡的强度与发展过程可以发现，顶隙泄涡的主体部分是压力面泄涡，压力面泄涡不仅在自身的发展和输运过程中与转子通道内主流不断混合，而且其与一部分顶隙扫涡也在不断地发生相互作用，在这些过程中必然伴随强烈的动量交换，湍流动能加大，但流体总体速度下降，最终表现为对泵喷推进器水动力性能和空化特能的影响。进一步，压力面泄涡在发展过程中，由于具有强烈的旋转动能，受到吸力面的阻隔影响，在主通道内出现图 5.2（c）所示的低压中心，相当于形成了"二次泄涡"；顶隙扫涡的作用类似于钝头体头部的"回射流"效应，对压力面泄涡的后续输运与混合起促进作用，此外顶隙扫涡也会使部分叶顶区域及主通道内小部分流体的径向和切向速度增大，增强主流的旋转。对于压力面泄涡，可以在转子叶梢边缘加装裙带结构进行削弱；对于顶隙扫涡，可以通过在叶梢顶端增加端板结构或者对叶梢前缘进行倒角处理进行削弱。

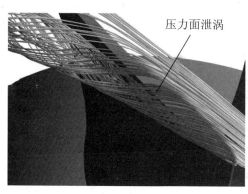 

（a）压力面泄涡　　　　　　　　　　　（b）顶隙扫涡

图 5.2　叶顶间隙流动顶隙泄涡细节结构

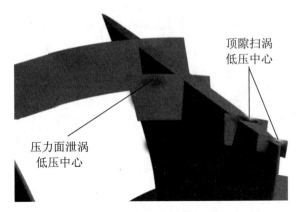

（c）顶隙泄涡低压中心分布

续图 5.2

5.2.2　间隙流场的输运与发展

图 5.3～图 5.6 所示为 δ=1 mm 时，在 n=2 700 r/min、n=3 000 r/min、n=3 200 r/min、n=3 500 r/min，4 种不同转子转速下，顶隙泄涡流线和叶梢半径处的轴面压力云图。通过对比顶隙泄涡流线和对应压力云图，可以发现：随着转子转速的不断增大，顶隙泄涡流动的强度不断增强，与主流的混合也愈加剧烈。具体表现在以下两个方面。

（1）转子转速较低（n=2 700 r/min）时，压力面泄涡在叶梢中段产生，压力面泄涡的旋转强度较小，泄涡流动和转子通道主流的混合程度较低，泄涡在转子通道中下游就基本耗散消失；而顶隙扫涡在该工况下较为明显但强度较低，基本均附着在叶顶上。同时，在低转速条件下，压力面泄涡大约在叶顶中段位置与吸力面发生分离，由图 5.3（b）可以看出在叶顶中后段出现了二次泄涡低压中心，此时二次泄涡与附着在吸力面上的顶隙扫涡是相互独立的，二者之间存在明显的压力分界。如图 5.3（b）所示，顶隙扫涡与二次泄涡的结构长度基本相同，均为叶顶长度尺寸的45%左右。在此转速下，由间隙流场所形成的压力面泄涡、顶隙扫涡与二次泄涡对转子主通道流场的压力较小，三者的影响范围（主要是对流场速度与压力分布的影响）主要集中在靠近吸力面的区域，而对于主通道其他部分的流体影响效果并不是很明显。

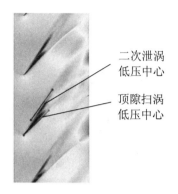

二次泄涡
低压中心

顶隙扫涡
低压中心

（a）顶隙泄涡流线　　　　　　　　（b）叶梢半径处的轴面压力云图

图 5.3　δ =1 mm、n=2 700 r/min 时，顶隙泄涡流线和叶梢半径处的轴面压力云图

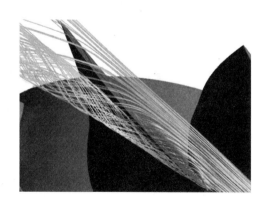

压力面泄涡
在前端分离

（a）顶隙泄涡流线　　　　　　　　（b）叶梢半径处的轴面压力云图

图 5.4　δ =1 mm、n=3 000 r/min 时，顶隙泄涡流线和叶梢半径处的轴面压力云图

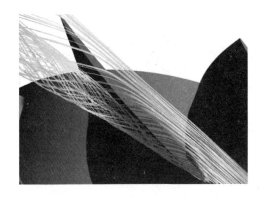

压力面泄涡
与顶隙泄涡
混合

（a）顶隙泄涡流线　　　　　　（b）叶梢半径处的轴面压力云图

图 5.5　δ=1 mm、n=3 200 r/min 时，顶隙泄涡流线和叶梢半径处的轴面压力云图

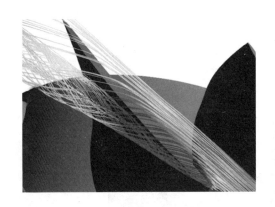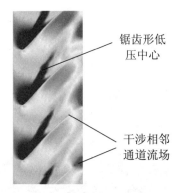

锯齿形低
压中心

干涉相邻
通道流场

（a）顶隙泄涡流线　　　　　　（b）叶梢半径处的轴面压力云图

图 5.6　δ=1 mm、n=3 500 r/min 时，顶隙泄涡流线和叶梢半径处的轴面压力云图

（2）随着转速的增大，例如 n=3 200 r/min、n=3 500 r/min 时，压力面泄涡与顶隙扫涡的强度均有明显的增强，而压力面泄涡的起始位置更靠近叶顶前端；此时，顶隙扫涡不但强度有所增强，其结构长度也有所增长，约为叶顶长度的一半。由图 5.6（b）看出，压力面泄涡与吸力面发生分离的位置相对于低转速情况更靠近叶梢前端；高转速下的压力面泄涡与二次泄涡之间已没有明显的边界，二者的混合十分

剧烈；此外，吸力面叶梢前端由于压力面泄涡与顶隙扫涡强度的增强，加之二者的相互混合，导致了在叶梢前端所形成的低压中心的区域不断扩大，易引起空化现象；同时在转子主通道内有明显的锯齿形低压中心，其跨度接近相邻叶片的压力面。观察高转速下的顶隙泄涡流线与压力云图可以发现，此时压力面泄涡发展与扩散的过程较低转速时明显增长，压力面泄涡向主通道下游发展得更为明显且占据主通道的长度也越来越大。另外，高转速下，三类泄涡所形成的混合涡与主通道内流体的混合更加明显，其影响范围已经扩展到主通道内大部分区域，甚至达到相邻叶片压力面尾端区域，进而对推进器水动力性能和空化性能产生较大的影响。

5.3　间隙流场对主流场速度与压力的影响

5.3.1　间隙流场对主流场速度的影响

图 5.7（a）～（e）为泵喷推进器通道内不同轴向位置各速度分量的径向分布。通过分析与对比各图中不同速度分量的分布特点，可以得到如下几点结论。

（1）转子前流场（预旋流场）：如图 5.7（a）所示，径向和切向速度随半径的增大基本保持不变，但在靠近桨毂处切向速度存在较为明显的速度梯度，主要原因是泵喷推进器模型中导流帽与桨毂的旋转带动了二者边界层的旋转，从而引起了靠近二者边界层桨毂处切向速度分量的增大，但远离桨毂边界层的流体的切向速度还是主要受外部流场影响，由于流体还未经过转子叶片的旋转加速，切向速度分量分布较为均匀，基本保持不变；轴向速度在靠近桨毂处较小，在其他位置随着半径的增大而增大，这主要是因为转子前流场直接与泵喷推进器外部流场相接，必然会受到外部流场特性的影响，同时由于导流帽与边界层的存在，使得桨毂处的速度值较小，而其他半径位置处，流体受转子叶片影响，轴向速度呈现沿径向增大的趋势，虽然流体已进入泵喷推进器导管内流场，但由于空间较小，流体仍然保有外部流场的特点，所以转子前流场的轴向速度随半径增大，但增大的幅度较小。

（2）转子盘面流场：如图 5.7（a）所示，轴向速度仍然大，轴向速度沿径向不断增大且整体水平高于转子前流场，这是由于转子叶片的旋转起加速作用，使得轴向速度增加，但在靠近叶梢顶隙附近，与转子前流场相比，轴向速度、径向速度均出现了明显的下降，出现这个现象的原因可以从两个角度进行分析：首先，从空间角度分析，将转子流场分为两大区域——转子叶片盘面的主流域与叶顶间隙流域。由于转子的旋转加速作用，主流域的整体速度较大，而在叶顶间隙流域中流场速度整体水平较低，那么两个流域之间必然会发生流体质量交换，即高速流体进入低速流体或者低速流体流入高速流体，进而便会产生一个交互过渡区，而叶梢附近便是这个区域所在，于是也就出现了图中轴向速度与径向速度分量在叶梢附近下降的现象。其次，从边界层与顶隙泄涡的角度分析。由于叶顶间隙区域较小，在该区域的流场主要被叶顶和导管内壁边界层的黏性力所控制，从而降低了该区域的整体速度水平，并且由前文对于顶隙泄涡结构、输运与发展的分析可知，顶隙泄涡产生的局部低压中心首先在叶片吸力面叶梢附近出现，在与主通道流场发生混合过程中，伴随着动量交换。而随着顶隙泄涡的不断发展，其逐渐脱离了叶片吸力面，与主通道流场的混合更加剧烈，同时也进一步增强了顶隙泄涡与主流的动量交换，引起湍动能的增大，最终造成叶梢附近的各速度分量被削弱。

（3）转子、定子间流场：从图 5.7（c）中可以看出，转、定子间流场各个速度分量的分布趋势与转子盘面流场大致相同，即轴向速度占据主导地位，切向速度随半径的增大而增大，这是由于主流经过转子流场的旋转加速作用，增大了速度的切向分量，但是从增大的趋势来看相较于转子盘面变小，这是由于转定子间流场除了受转子流场的影响，同时也会被定子流场影响，切向速度被削弱，所以转定子间流场切向速度增大的幅度减小。除此之外，从图中可以看出，轴向速度与径向速度分量在靠近叶顶间隙处均有所降低，这说明转子域中的间隙流场已经发展延伸到转、定子间流场。同时，定子的影响降低了间隙流场的影响效果，表现为各速度分量的下降程度较转子盘面有所减小。

（4）定子盘面及导管出口处流场：如图 5.7（d）（e）所示，两个区域的轴向速度也是随半径的增大而增大，同时流体通过定子盘面后，轴向速度较之前区域具有了更为明显的加速梯度，这说明定子叶片不但能够均匀来流，而且能够将部分旋转动能转化，从而加速导管内流体，这对于提高泵喷推进器的性能是十分有利的。同时，在定子盘面与导管出口处两个区域的流场，轴向速度在靠近叶梢附近出现了下降趋势，这说明间隙流场已经对整个泵喷推进器内部通道产生了影响。而出现这个现象的原因可以归结为：虽然间隙流场所对应的是一个极小的区域（转子叶顶区域），其产生的顶隙泄涡发展、输运和扩散的过程不可避免地要与周围流场发生干涉，但由于泵喷推进器的内部尺寸较小，从而发生干涉影响的区域甚至可以扩展到整个泵喷推进器导管内通道，而间隙流场产生的这一干涉影响对泵喷推进器无论是性能还是隐蔽性而言均是很不利的。首先对于泵喷推进器性能来说，降低了轴向速度意味着其在轴向获得的推力将会减小，必然会降低水动力性能；其次，间隙流动产生的顶隙梢涡在发展、输运和扩散的过程中不可避免地要产生噪声，同时涡核的局部低压还易诱发空化现象，引起空化噪声与机械振动，无论哪一点都会对泵喷推进器的隐蔽性产生极为不利的影响。对于两个流场区域的切向速度，在经过定子盘面后，切向速度分量已不再像之前流场那样随半径呈现增大的趋势，而是表现出均匀性，即随着半径的增大基本保持不变，这也要归功于定子均匀来流与吸收部分旋转能的作用。

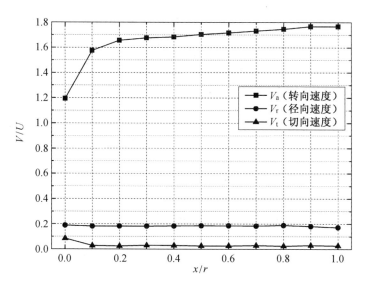

（a）转子前流场各速度分量径向分布

r—转子半径；x—监测点所在处叶高

图 5.7　不同轴向位置各速度分量的径向分布

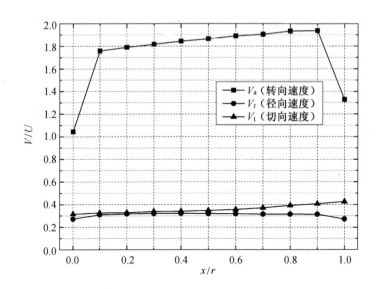

（b）转子盘面流场各速度分量径向分布

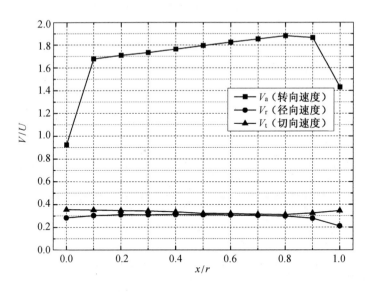

（c）转子、定子间流场各速度分量径向分布

续图 5.7

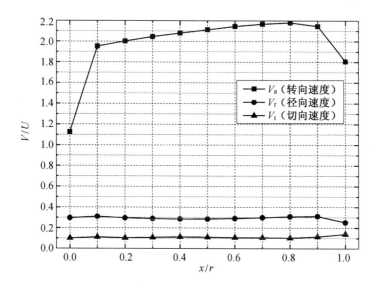

（d）定子盘面流场各速度分量径向分布

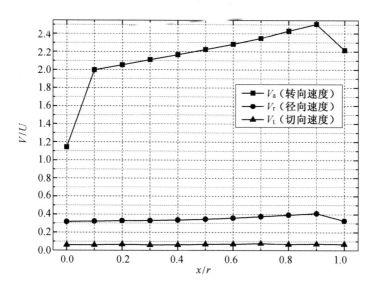

（e）导管出口处流场各速度分量径向分布

续图 5.7

5.3.2 间隙流场对主流场压力的影响

图 5.8 为泵喷推进器导管内部流场不同轴向位置处的压力径向分布图。从图中可以发现：①转子前流场压力分布主要受到外域流场的影响，其分布特性与转子前流场的速度分布相对应，即随着半径的增大而减小。②转子盘面流场与转、定子间流场的压力分布趋势较比较相似，均是随着半径的增大而增大，并且在靠近叶梢处压力先减小后增大，这主要是由于顶隙泄涡的存在，使叶梢吸力面附近产生涡核，从而形成了局部低压中心，引起了叶梢附近压力水平的下降。但是在靠近导管内壁处，受到导管内壁边界层黏性力的作用，局部速度较低，从而引起了局部压力水平的升高。比较二者流场在叶顶区域的变化趋势可以发现，转、定子间流场压力的减小程度较小，这是因为转、定子之间的流场受定子流场的稳流作用，间隙流场的影响效果被削弱，从而表现为压力降低程度减小。③观察定子盘面流场的压力分布特性可以发现，其也具有与转子盘面相似的压力场分布，即在靠近叶顶的区域压力也出现了先减小后增大的趋势，这是因为转子与定子之间距离较小，顶隙泄涡未能完全发展与扩散，从而造成其影响范围扩展到了定子盘面流场。

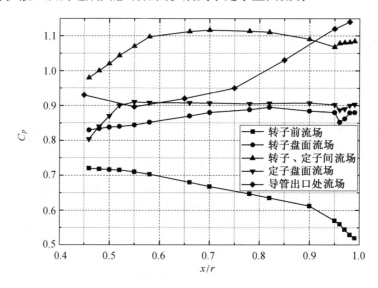

图 5.8　泵喷推进器导管内部流场不同轴向位置处的压力径向分布图

由于定子存在反向压力梯度，所以定子盘面流场的压力分布在叶顶处减小的趋势比转子盘面流场与转、定子之间流场要小得多，同时由于导管的收缩以及边界层的作用，使得定子盘面流场靠近叶梢处的压力水平得到进一步增大。导管出口处流场不再具有管内流场压力分布的特点，导管出口处流场的压力分布比较平稳，没有急剧增大或减小的现象发生，这主要是因为导管出口处流场与外域流场直接相接，其受到外域流场的影响大于间隙流动的影响，所以其所具有的导管内部流场压力特性并不明显。

5.4　间隙尺寸对泵喷推进器水动力性能的影响

5.4.1　间隙尺寸对泵喷推进器效率的影响

泵喷推进器转子叶顶与导管内壁之间存在的间隙会形成间隙流场，进而会发展成顶隙泄涡，而顶隙泄涡的两大主要构成（压力面泄涡与顶隙扫涡）的起始、发展与输运过程均伴随着与主流场的相互作用及混合。因此，间隙流场必然会对泵喷推进器主流场以及水动力性能产生直接的影响，而间隙尺寸又是决定间隙流场的关键因素之一，进而言之，搞清楚间隙尺寸对泵喷推进器水动力性能产生的影响至关重要。

表 5.1～5.3 给出了 3 种不同叶顶间隙尺寸（δ=0.5 mm、δ=2 mm、δ=3 mm）下，泵喷推进器敞水性能计算结果。

表 5.1　δ=0.5 mm 时，泵喷推进器敞水性能计算结果

J	K_{T_t}	K_{Q_t}	K_{T_s}	K_{Q_s}	$\eta/\%$
0.983	0.973 375	0.356 352	0.414 845	0.358 606	65.61
1.123	0.965 806	0.356 657	0.294 555	0.360 066	67.95
1.173	0.969 537	0.356 716	0.242 408	0.360 604	68.80
1.228	0.967 198	0.356 424	0.184 064	0.360 878	68.89
1.268	0.959 927	0.355 915	0.145 370	0.360 849	68.41
1.310	0.953 999	0.355 219	0.098 728	0.360 709	67.76
1.355	0.947 652	0.354 459	0.053 252	0.360 521	67.13
1.456	0.930 797	0.351 916	-0.057 294	0.359 325	64.57
1.512	0.916 842	0.349 830	-0.116 846	0.358 072	62.56
1.572	0.903 448	0.347 379	-0.183 753	0.356 352	59.84

表 5.2　$\delta=2$ mm 时，泵喷推进器敞水性能计算结果

J	K_{T_t}	K_{Q_t}	K_{T_s}	K_{Q_s}	$\eta/\%$
0.983	0.867 974	0.353 667	0.469 273	0.346 631	60.36
1.123	0.851 672	0.353 744	0.368 543	0.347 198	62.84
1.173	0.845 051	0.353 019	0.322 946	0.346 688	62.94
1.228	0.835 871	0.351 808	0.270 410	0.345 890	62.55
1.268	0.829 060	0.350 658	0.229 600	0.344 840	61.97
1.310	0.820 002	0.349 178	0.191 563	0.343 792	61.38
1.355	0.809 540	0.347 330	0.150 973	0.342 345	60.54
1.456	0.785 452	0.342 228	0.059 060	0.338 164	57.88
1.512	0.771 125	0.338 620	0.006 749	0.335 155	55.86
1.572	0.754 356	0.333 521	−0.055 935	0.330 729	52.86

表 5.3　$\delta=3$ mm 时，泵喷推进器敞水性能计算结果

J	K_{T_t}	K_{Q_t}	K_{T_s}	K_{Q_s}	$\eta/\%$
0.983	0.883 800	0.359 168	0.434 651	0.351 925	58.61
1.123	0.867 647	0.358 617	0.316 590	0.351 885	60.17
1.173	0.859 737	0.357 664	0.271 690	0.351 263	60.17
1.228	0.850 027	0.356 353	0.224 114	0.350 311	59.96
1.268	0.842 999	0.355 247	0.189 770	0.349 482	59.66
1.310	0.834 550	0.353 784	0.154 079	0.348 410	59.19
1.355	0.825 243	0.351 986	0.115 535	0.347 067	58.49
1.456	0.803 342	0.346 948	0.028 216	0.342 939	56.20
1.512	0.790 499	0.343 424	−0.021 883	0.339 881	54.43
1.572	0.775 854	0.338 926	−0.076 396	0.335 889	52.13

为了使计算结果更加清晰与便于分析，将上述表 5.1～5.3 中的不同间隙尺寸下的泵喷推进器敞水效率数据与第 3 章 $\delta=1$ mm 时的数据绘于图 5.9 中，从图中可以总结出以下规律：

（1）对于不同的叶顶间隙尺寸，其敞水效率随进速系数变化曲线的趋势是相同的，均是随着进速系数的增大表现为先升高后下降的趋势；同时，对于不同间隙尺寸，推进器效率达到最大值时所对应的进速系数是不同的，也就是说间隙尺寸对于泵喷推进器设计来说十分重要的一个设计因素，会对所设计推进器的最佳进速系数产生直接的影响。叶顶间隙尺寸 $\delta=0.5$ mm、$\delta=1$ mm 时，其敞水效率在进速系数 $J=1.228$ 时达到最大值，而 $\delta=2$ mm、$\delta=3$ mm 时，其敞水效率在进速系数 $J=1.173$ 时达到最大值。通过对比可以发现，随着间隙尺寸的增大，推进器的最佳进速系数也在不断左移，分析其原因可能是：①间隙尺寸增大使得单位时间内间隙区域的流体通量增加，间隙区域内的流体发展更为充分，与通道内主流场的混合也更加剧烈，所以最佳进速系数变小；②最佳进速系数左移意味着在来流速度一定的情况下，达到最高效率时推进器的转速更大，这也表明间隙尺寸增大，推进器需要更高的转速来提供额外的推力来抵消间隙流场所产生的不利影响，所以在加大间隙尺寸时，推进器在较小的进速系数时即达到最大效率。

（2）对于相同的进速系数，间隙尺寸越大，其敞水效率越低。具体表现为：在相同的进速条件下，叶顶间隙尺寸 $\delta=0.5$ mm 时，泵喷推进器整体效率最高；$\delta=3$ mm 时，泵喷推进器整体效率最低，进速系数 $J=1.572$ 时，推进器效率降幅最大；最小间隙尺寸 $\delta=0.5$ mm 与最大间隙尺寸 $\delta=3$ mm 之间敞水效率降幅最大为 10.72%。对比 4 种间隙下的敞水效率曲线可以发现，各条效率曲线之间的差异有较明显的区别：间隙尺寸 $\delta=0.5$ mm、$\delta=1$ mm、$\delta=2$ mm 和 $\delta=3$ mm 的敞水效率曲线对比，较大间隙尺寸时敞水效率下降十分明显；间隙尺寸 $\delta=2$ mm 和 $\delta=3$ mm 的敞水效率曲线之间虽然也有差异，但是显然较与 $\delta=1$ mm 之间的差异要小得多，最大降幅为 2.76%，最小降幅仅为 0.73%；间隙尺寸 $\delta=0.5$ mm 和 $\delta=1$ mm 的敞水效率曲线之间差异也较小。产生上述差异的主要原因可能是：①在间隙尺寸较小时，叶顶区域的间隙流动不够充分，其产生的湍动能较小，对通道主流的影响相较于大尺寸来说也较小；②对于较大间隙尺寸来说，间隙流动可以在叶顶区域得到较为充分的发展，并且与主流的混合也更加充分，对泵喷推进器性能的影响也相应地增大，从而表现为泵喷推进器效率的下降更为明显；③对于间隙尺寸δ=2 mm和δ=3 mm来说，二者间隙尺寸都比较大，促使间隙流动更为充分地发展与扩散，间隙流动在这两种尺寸下的强度差异较小，其产生的顶隙泄涡在这两种情况下与主流的混合比较充分，因此二者的效率差异明显降低。除此之外，之所以选择间隙尺寸δ=1 mm为设计尺寸，主要是因为其敞水效率曲线明显优于间隙尺寸为δ=2 mm和δ=3 mm时的敞水效率；虽然间隙尺寸δ=0.5 mm时，其敞水效率略高于δ=1 mm的敞水效率，但间隙尺寸较小，往往会导致间隙区域内流体受黏性力控制较大、发展不充分，对于泵喷推进器的其他性能，例如空化性能、噪声特性等较为不利，综合考虑上述因素后选择δ=1 mm为设计间隙尺寸。

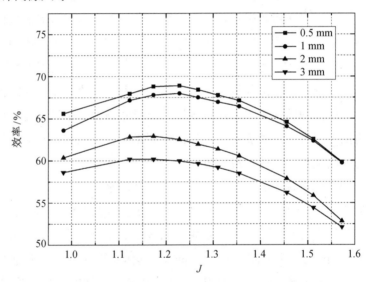

图5.9　叶顶间隙不同尺寸推进器效率-进速曲线

5.4.2　间隙尺寸对泵喷推进器内部流场速度的影响

泵喷推进器内部流场的速度分布是判断其水动力性能的重要依据之一。因此，对不同间隙尺寸条件下相同径向位置的速度分布规律的研究与分析是探究间隙尺寸对泵喷推进器水动力性能影响规律的重要佐证。图5.10（a）～（d）分别是相同进速系数J=1.228下，不同间隙尺寸下，转子叶梢处速度分布云图，图5.11～5.14分别是叶顶间隙尺寸δ=0.5 mm、δ=1 mm、δ=2 mm、δ=3 mm时的顶隙泄涡流线图。

（a）δ=0.5 mm 时转子叶梢处速度分布云图　　　（b）δ=1 mm 时转子叶梢处速度分布云图

（c）δ=2 mm 时转子叶梢处速度分布云图　　　（d）δ=3 mm 时转子叶梢处速度分布云图

图 5.10　δ=0.5 mm、δ=1 mm、δ=2 mm、δ=3 mm 时转子叶梢处速度云图

图 5.11　δ=0.5 mm 时的顶隙泄涡流线图　　　图 5.12　δ=1 mm 时的顶隙泄涡流线图

图 5.13　δ=2 mm 时的顶隙泄涡流线图　　　　图 5.14　δ=3 mm 时的顶隙泄涡流线图

　　不同间隙尺寸下,在转子径向叶梢半径处,速度云图的分布规律大体上是相似的,即均是在靠近叶顶导边处速度较高,这主要是由转子叶片旋转加速造成的,而在叶顶的随边区域速度较低。同时,不同间隙尺寸下叶梢附近的速度分布也是有差异的:对于较小的(δ=0.5 mm、δ=1 mm)两种叶顶间隙尺寸,二者速度的分布规律差异较小,而另外两种间隙尺寸下的速度分布较为相似。在两种较小的尺寸下,叶梢半径处速度分布较为均匀,出现的低速区域较小,主要集中在叶顶的随边位置处,并没有对相邻通道流体的速度场产生明显的干扰;而在两种较大尺寸下,在转子叶片叶顶吸力面处出现了明显的低速区域,而且间隙尺寸越大,该区域的尺寸与强度就越高,其长度约占叶顶弦长的一半以上,并且对相邻通道内流体产生了干扰。分析发生上述现象的原因是:①在较小叶间隙尺寸(δ=0.5 mm、δ=1 mm)下,流体经过叶顶区域时受到转子叶顶与导管内壁的黏性力作用较大,同时由于间隙尺寸较小,叶顶间隙流动不能得到充分的空间进行发展与输运,进而叶顶间隙流动产生的顶隙泄涡强度也较低,与通道主流混合较少,对主流的干扰也并不明显;②对于较大间隙尺寸下的间隙流动,由于间隙尺寸较大,间隙流动在叶顶区域能够得到较为充分的发展,所以其产生的顶隙泄涡无论是在区域面积还是强度上都有较为明显的提升,进而对自身主流场甚至相邻通道流场产生十分明显的影响与作用。这种现象与前文不同间隙尺寸下水动力计算的结果也是相似的:两种较小尺寸的规律较为相似,两种较大尺寸的规律较为相似。结合图 5.11 和图 5.12 所示的顶隙泄涡流线可以发现,叶顶间隙尺寸δ=0.5 mm 时,叶顶间隙流动在叶梢吸力面附近暂时没有出现明显的涡旋流动；而当叶顶间隙尺寸增大到 $\delta=1$ mm 时，压力面泄涡在靠近吸力面叶梢处出现，其长度约为叶顶长度尺寸的一半，随着压力面泄涡的发展与输运，其与转子通道主流的混合也越加充分，约在主通道的中下游处扩散消失，而压力面泄涡产生的旋转运动与转子运动方向相反，对主流速度起削弱衰减的作用，进而对主流产生影响。但是由于间隙尺寸较小，产生的压力面泄涡的强度较主流的运动强度低，所以最终反映到对轴面速度分布规律的影响不明显。当间隙尺寸继续增大，如 $\delta=2$ mm、$\delta=3$ mm 时，两种叶顶间隙尺寸速度的分布规律与小尺寸情况相比有较大区别，此时的速度分布十分不均匀，说明在较大间隙尺寸下，间隙流动能够得到更为充分的发展，与主流的混合也更为剧烈，而所产生的顶隙梢涡对主流场产生的影响也更加明显。同时结合图 5.13、图 5.14 所示的顶隙泄涡流线，当叶顶间隙尺寸为 $\delta=2$ mm 时，由间隙流动产生的压力面泄涡相较于小尺寸间隙，无论其范围还是强度都明显增大，泄涡发展到主通道内的中下游时还没有完全耗散，进而造成了其与主流的混合作用更加明显；而当叶顶间隙尺寸增大到 $\delta=3$ mm 时，压力面泄涡的强度和范围进一步变大，其长度已扩散到整个叶梢的压力边，同时压力面泄涡对主通道内的流体产生影响，由于其涡旋强度较大，扩散过程较长，造成了泄涡对相邻叶片压力面尾端流场也产生了干扰，进而影响到了相邻叶片的主通道流场。因此，在大尺寸间隙下，由于间隙流动所产生的顶隙泄涡强度明显增强，产生了不利于主流场的旋转动能，造成了主通道内的流动损失，降低了泵喷推进器的水动力性能。

综上所述，不同间隙尺寸的推进器效率曲线的规律是相同的，即随着进速系数的增加呈现先增大后减小的趋势，但达到最大效率值时所对应的进速系数是不同的；相同进速系数下，间隙尺寸越大，其效率值越低；随着间隙尺寸的增大，间隙流动产生的顶隙泄涡的强度和范围明显增大，与转子主流道的混合也愈加明显，对转子主流道内流体速度分布规律的影响也更加明显。

5.5　间隙尺寸对泵喷推进器空化性能的影响

根据 5.4 节间隙尺寸对泵喷推进器水动力性能影响的计算结果可以发现，间隙尺寸 $\delta=0.5$ mm 和 $\delta=1$ mm 时、$\delta=2$ mm 和 $\delta=3$ mm 时的计算结果分别相近，所以本书选取叶顶间隙尺寸 $\delta=1$ mm、$\delta=2$ mm、$\delta=3$ mm，3 种典型间隙尺寸（分别占泵喷推进器转子最大直径的 0.04%、0.081%、1.23%）作为泵喷推进器空化性能计算算例。本书上节的研究结果表明，随着间隙尺寸的增大，由叶顶间隙流动所产生的顶隙泄涡的强度和范围也会随之增大，而顶隙泄涡涡核范围的增大势必会引起局部低压中心的出现，进而易造成泵喷推进器空化现象的发生。因此，间隙尺寸的变化对泵喷推进器空化性能的影响规律是十分值得深入研究与探索的。

5.5.1 间隙尺寸对泵喷推进器空化水动力的影响

本书在第 2 章与第 3 章已经对泵喷推进器水动力性能以及 $\delta=1$ mm 下的空化水动力性能的分析方法做了详细介绍，本节将参考泵喷推进器水动力性能的分析与计算方法，对不同间隙尺寸下的间隙空化流场及其对空化水动力性能的影响进行研究，分析方法本节不再赘述。本节对 $\delta=1$ mm、$\delta=2$ mm、$\delta=3$ mm，3 种不同间隙尺寸下的泵喷推进器空化流场进行了研究。表 5.4～5.6 是泵喷推进器在上述 3 种叶顶间隙尺寸下发生空化时，转、定子合推力系数值（$K_{T_t}+K_{T_s}$），转矩系数值（K_{Q_t}）和效率值（η）的计算结果。

表 5.4　$\delta=1$ mm 时，空化水动力性能计算结果

J	$K_{T_t}+K_{T_s}$	K_{Q_t}	$\eta/\%$
0.982 5	0.790 43	0.339 604	44.23
1.122 9	1.067 44	0.343 999	55.48
1.173 1	1.076 93	0.344 050	58.47
1.228 1	1.041 39	0.330 300	59.85
1.267 7	1.006 52	0.338 635	60.00
1.355 2	0.909 15	0.334 340	58.68
1.455 6	0.787 75	0.329 865	55.35
1.572 0	0.631 32	0.319 873	49.41

表 5.5　δ=2 mm 时，空化水动力性能计算结果

J	$K_{T_t} + K_{T_s}$	K_{Q_t}	$\eta/\%$
0.982 5	0.894 379	0.310 629	43.86
1.173 1	1.091 588	0.338 478	55.67
1.228 1	1.030 783	0.327 928	56.68
1.267 7	0.987 364	0.325 175	57.31
1.310 0	0.943 831	0.324 356	56.89
1.355 2	0.895 224	0.324 576	56.41
1.455 6	0.781 785	0.322 806	53.72
1.572 0	0.615 610	0.314 349	46.16

表 5.6　δ=3 mm 时，空化水动力性能计算结果

J	$K_{T_t} + K_{T_s}$	K_{Q_t}	$\eta/\%$
0.982 5	0.923 584	0.330 627	42.87
1.173 1	1.041 316	0.334 616	54.52
1.228 1	0.991 273	0.326 427	55.54
1.267 7	0.950 789	0.323 393	56.06
1.310 0	0.910 529	0.323 090	55.35
1.355 2	0.866 791	0.323 804	54.79
1.455 6	0.760 919	0.324 671	52.38
1.572 0	0.620 808	0.317 618	45.67

　　为了便于分析泵喷推进器空化前后的水动力性能变化规律，如图 5.15 所示，本书绘制了在 3 种叶顶间隙尺寸下的空化前后效率-进速系数曲线。分析数值计算结果，对比泵喷推进器空化前后效率-进速系数曲线可以得出以下结论。

　　（1）对于不同间隙尺寸，无论是否发生空化，泵喷推进器的效率-进速系数曲线的变化趋势是相同的：随着进速系数的增大，推进效率先增大后减小，但对于不

同间隙尺寸，敞水效率曲线最大效率对应的最佳进速系数不完全相同，分别对应为$J=1.228$（$\delta=1$ mm）、$J=1.173$（$\delta=2$ mm）、$J=1.173$（$\delta=3$ mm），并且各间隙尺寸在最佳进速系数时，空化后推进器效率下降幅度最小。间隙尺寸越大，发生空化后泵喷推进器的整体效率越低，这主要是因为：如前文章节所述，间隙尺寸越大，间隙流动发展越充分，产生的顶隙泄涡的强度越高，形成的低压中心的区域越广，越易发生空化，并且空化强度越高。由此可见，无论是否发生空化，较小的间隙尺寸对于提高泵喷推进器效率均是十分有利的。对于较大间隙尺寸（$\delta=2$ mm、$\delta=3$ mm），两种间隙尺寸下发生空化后的效率曲线具有较高的相似性，并且二者之间的差值较小，这与发生空化前二者曲线的规律是一致的。

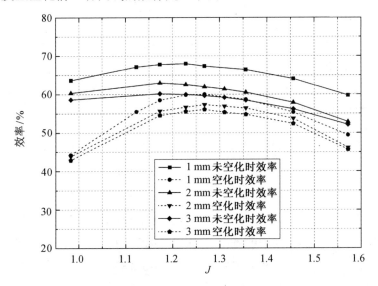

图 5.15　不同叶顶间隙尺寸下的空化前后效率-进速系数曲线

（2）当进速系数较大（转速较低）时，空化发生后效率降幅相对较小；而当进速系数较小（转速较高）时，各间隙尺寸下效率降幅较大，最大降幅是当$\delta=1$ mm、$J=0.983$时，效率下降了19.4%，这是因为转子叶片叶背（吸力面）局部压力迅速下降，在较小进速系数（如$J=0.983$）下，定子叶背也发生较大范围空化，此时通道内流体由气-液两相组成，通道内流体密度迅速降低，从而造成了泵喷推进器推力急剧下降，效率进一步下降。

图 5.16 与图 5.17 为 δ =2 mm、δ =3 mm 两种不同间隙尺寸下，空化前后的叶梢速度流线图，从图中可以看出：对于不同间隙尺寸，空化后间隙流动的强度与范围均有明显的增大；空化发生前，压力面泄涡集中产生于叶顶前半部分，约占叶顶弦长的 30%，随着与主流的混合，大约发展到叶片通道中部后扩散；空化发生后，压力面泄涡集中出现的范围明显扩大，约占叶顶弦长的 40% 以上，同时其强度也有所增强，从初始到扩散的过程更长，已经影响到相邻叶片的压力面流场；对比空化后两种间隙尺寸流线图可以发现，随着间隙尺寸的增大，间隙流场的速度流线变得密集，也就是说间隙流场的强度变大，顶隙泄涡的影响范围变广，这也部分解释了为什么 δ =3 mm 时，泵喷推进器的空化水动力性能比 δ =2 mm 时的更低。

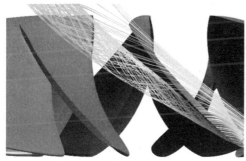

（a）δ =2 mm 未空化叶梢速度流线　　　（b）δ =2 mm 空化叶梢速度流线

图 5.16　δ =2 mm 时，空化前后叶梢速度流线图

（a）δ =3 mm 未空化叶梢速度流线　　　（b）δ =3 mm 空化叶梢速度流线

图 5.17　δ =3 mm 时，空化前后叶梢速度流线图

5.5.2　间隙尺寸对泵喷推进器空化特性的影响

前节叶顶间隙尺寸对叶顶间隙流动的影响研究表明，随着叶顶间隙尺寸的增大，叶顶泄涡的强度和规模也会增大；而叶顶泄涡涡核处低压区会引起空化现象，并对转子叶片空化区域产生影响。因此，叶顶间隙尺寸势必会对叶顶间隙空化以及转子叶片空化产生重要影响。

图 5.18 与图 5.19 分别是叶顶间隙尺寸 $\delta=1$ mm 和 $\delta=3$ mm 时，不同转子转速下，转子通道沿径向的轴面空化面积比曲线。对比不同尺寸下的空化面积比曲线可以得到如下结论。

（1）沿径向方向，相同转速下不同间隙尺寸的空化面积曲线的变化趋势是相同的，即首先在较小 Span 位置处空化面积不断增大，而在叶梢位置处呈现先减小后增大的趋势。在较小 Span 位置处两种不同间隙尺寸的空化面积的区别不是很明显，而在靠近转子叶梢处，$\delta=3$ mm 的转子叶片的空化面积相较于 $\delta=1$ mm 的叶片有更为明显的突变增量。在低转速下此现象不是很明显，但在高转速下，$\delta=3$ mm 的叶片在叶梢处的空化面积明显高于 $\delta=1$ mm 的叶片。

（2）$\delta=1$ mm 的叶片相较于 $\delta=3$ mm 的叶片在更靠近叶梢处出现空化面积的激增现象。分析其原因主要是：在相同转速下，间隙流动产生的顶隙梢涡主要是在靠近叶顶区域沿轴向和切向发展与扩散，而沿径向位置，顶隙泄涡发展不够充分，与转子主通道内流体混合程度较低，于是对转子主通道流场的影响较小，所以表现为在较低 Span 位置不同间隙尺寸下的转子叶片空化面积相差不大；然而，在靠近叶顶位置附近，由于顶隙泄涡的存在，其形成的涡核引起了局部低压中心的产生，进而对主通道流场的压力分布产生影响，使靠近叶顶位置处的转子叶片空化现象加重，空化面积出现激增；同时，叶顶间隙区域的顶隙泄涡在较大间隙内能够得到更为充分的发展，于是其涡核的强度更大，对主流场的压力分布影响范围也更广，因此造成了 $\delta=3$ mm 的叶片对比于 $\delta=1$ mm 的叶片在更远离叶梢处出现空化面积激增的现象。

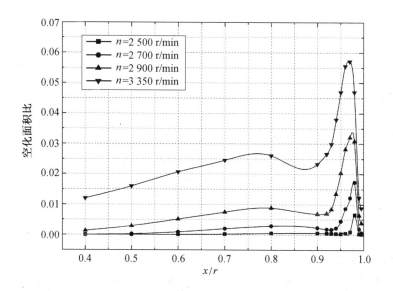

图 5.18　δ =1 mm 时，转子通道沿径向的轴面空化面积比曲线

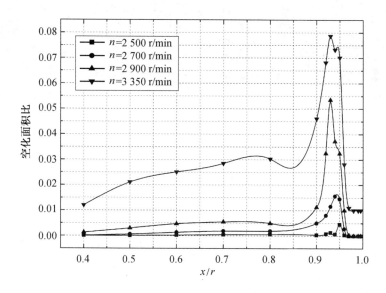

图 5.19　δ =3 mm 时，转子通道沿径向的轴面空化面积比曲线

图 5.20 为 n =2 500 r/min 时，δ =1 mm、δ =3 mm 两种间隙尺寸下的转子叶片空化云图，对比两种间隙尺寸下的转子叶片空化云图可以发现，δ =3 mm 的转子叶片空化区域反而比 δ =1 mm 的转子叶片空化区域小。分析其原因是：间隙尺寸 δ =1 mm

时，由于间隙尺寸较小，叶顶间隙区域的流体被转子叶顶和导管内壁"挤压"，受到黏性力的作用比较大，同时由于转速较低，流体流经叶顶间隙相对较慢，使顶隙泄涡只能在靠近叶梢吸力面附近发展、输运与扩散，进而增强了顶隙泄涡产生的空化对叶梢吸力面的空化的影响，最终使得顶隙空化与转子叶片空化之间混合得更为充分，没有明显的边界，在叶梢处的叶片空化面积也随之增大；而当 $\delta = 3\ \text{mm}$ 时，由于间隙尺寸较大，流体在流经叶顶区域时能够得到较为充分的发展，产生的顶隙泄涡能够在转子主通道内完成输运与扩散，所以梢涡空化与转子叶片的片状空化之间的交互与干涉较少，进而表现为转子叶片空化的区域较小，并且与顶隙空化之间有明显的分界。

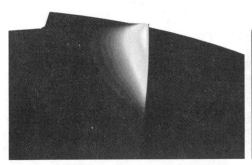 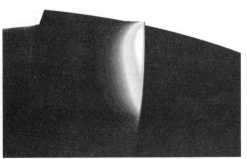

（a）$\delta = 1\ \text{mm}$、$n = 2\ 500\ \text{r/min}$　　　　　（b）$\delta = 3\ \text{mm}$、$n = 2\ 500\ \text{r/min}$

图 5.20　$n = 2\ 500\ \text{r/min}$ 时的转子叶片空化云图

图 5.21～图 5.24 分别是不同转子转速下，两种不同间隙尺寸（$\delta = 1\ \text{mm}$、$\delta = 3\ \text{mm}$）下的转子叶片空化云图和叶梢空化云图。通过对比各云图可以得到如下结论。

随着转速的增大，对于不同间隙尺寸，转子叶片吸力面与叶顶区域的空化区域明显扩大，强度也都有明显的增强，其中 $\delta = 3\ \text{mm}$ 的叶片增强程度更为突出。当 $\delta = 1\ \text{mm}$ 时，由于转速的增大，顶隙泄涡的强度增强，起始位置更靠近叶梢中段，但是"挤压"作用使得其发展与输运仍然靠近叶梢吸力面，随着叶顶空化与叶片空化之间的混合愈加充分，转子叶片的空化区域和强度得到进一步增大。观察转子叶片空化区域的强度可以发现，在叶梢吸力面弦向 40% 位置处强度最大，说明在此处泄涡空化与转子叶片空化相互干涉最为剧烈；当 $\delta = 3\ \text{mm}$ 时，由于转速的增大，叶顶区域的顶隙泄涡具有更高的旋转动能，引起叶顶空化的区域和强度不断地增大，而随着顶隙泄涡在主通道内的发展与输运，泄涡与主通道流场之间的流体质量交换也变得更为剧烈，进而叶顶空化对转子叶片叶梢附近吸力面空化的影响也不断增强，二者之间的边界也逐渐消失。根据叶顶空化强度的分布可以发现，顶隙泄涡空化强度最大的位置及其与转子叶片空化相互干涉最明显的位置也出现在叶顶弦向 40% 位置处，说明间隙尺寸对于空化强度的分布影响不大。除此之外，随着泄涡空化与转子叶片空化之间混合干涉的程度不断加深，转子叶片空化强度最高的区域不断增大，这说明泄涡空化的发展已脱离了叶顶间隙层面，逐渐沿径向向靠近桨毂位置发展，从而解释了图 5.20 所示的在较大间隙尺寸（δ=3 mm）下转子叶片空化区域激增程度较 δ=1 mm 时更加明显的现象。

　（a）δ=1 mm、n=2 900 r/min 时的转子叶片空化云图　（b）δ=1 mm、n=2 900 r/min 时的转子叶梢空化云图

图 5.21　δ=1 mm、n=2 900 r/min 时，转子叶片与叶梢空化云图

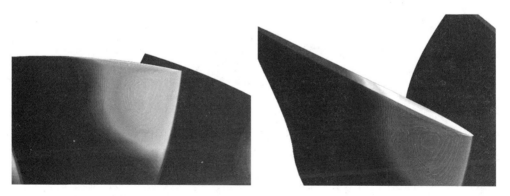

　（a）δ=3 mm、n=2 900 r/min 时的转子叶片空化云图　（b）δ=3 mm、n=2 900 r/min 时的叶梢空化云图

图 5.22　δ=3 mm、n=2 900 r/min 时，转子叶片与叶梢空化云图

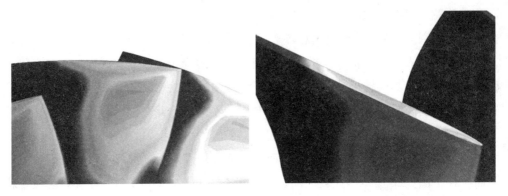

（a）δ=1 mm、n=3 350 r/min 时的叶片空化云图 （b）δ=1 mm、n=3 350 r/min 时的叶梢空化云图

图 5.23　δ=1 mm、n=3 350 r/min 时，转子叶片与叶梢空化云图

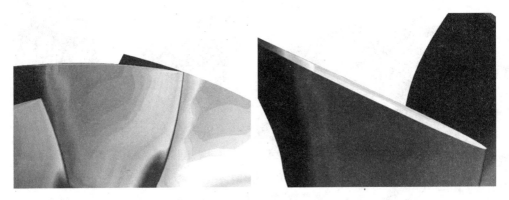

（a）δ=3 mm、n=3 350 r/min 时的叶片空化云图 （b）δ=3 mm、n=3 350 r/min 时的叶梢空化云图

图 5.24　δ=3 mm、n=3 350 r/min 时，转子叶片与叶梢空化云图

5.6　本章小结

　　本章在前文对泵喷推进器三维复杂流场的水动力性能与空泡特性研究工作的基础上，基于 CFD 理论，采用 ANSYS CFX 软件，完成不同间隙尺寸下的泵喷推进器建模与结构化网格划分工作，并且着重对泵喷推进器的间隙流场进行精细的后处理，完成间隙流场特性的分析，探究了间隙流场对泵喷推进器水动力性能与空化性能的影响规律，具体得到的结果如下。

（1）间隙流动主要由转子叶片压力面与吸力面之间的压力差以及转子叶片与导管内壁之间的相对运动造成；间隙流动会形成"顶隙泄涡"，而顶隙泄涡主要包括两部分：由转子叶片两侧压差形成的压力面泄涡，以及由叶梢导边处的流体运动不连续性以及转子的高速旋转形成的顶隙扫涡，其中压力面泄涡占主导部分。

（2）完成了对间隙流场的输运与发展的描述与分析。随着转子转速的不断增大，顶隙泄涡流动的强度不断增强，与主流的混合也愈加剧烈。在较低转速时，压力面泄涡与叶梢扫涡二者相对独立且旋转强度均较小，泄涡流动和转子通道主流的混合程度较低，泄涡在转子通道中下游就基本耗散消失；在高转速下顶隙扫涡的影响范围已经扩展到主通道内大部分区域，甚至达到相邻叶片压力面尾端区域，进而对推进器水动力性能和空化性能产生较大的影响。

（3）对间隙流动对泵喷推进器导管内速度场的影响进行了分析。转子盘面流场中轴向速度与径向速度分量在叶梢处均出现下降，这主要可以从两个角度分析：①从空间角度，转子叶梢处相当于高速主流场与低速叶顶间隙流场的过渡区域；②从边界层与顶隙泄涡的角度，叶梢附近区域流场主要被叶顶和导管内壁边界层的黏性力所控制，从而降低了该区域的整体速度水平，而顶隙泄涡所产生的湍动能也削弱了各速度分量。转定子间流场与定子盘面流场的在叶梢附近的分布与转子盘面相似，但速度下降的幅度有所降低，这说明：间隙流动的影响范围已经延伸到定子盘面；定子起到了很好的均匀来流的作用，降低了间隙流动的影响，从而速度降低幅度变小。

（4）对于不同的叶顶间隙尺寸，其敞水效率随进速系数变化曲线的趋势是相同的，均随着进速系数的增大表现为先升高后下降的趋势；间隙尺寸会直接影响最佳进速系数，间隙尺寸越大，最佳进速系数越小；对于相同的进速系数，间隙尺寸越大，其敞水效率越低，进速系数 J =1.572 时，推进器效率降幅最大；最小间隙尺寸 δ=0.5 mm 与最大间隙尺寸 δ=3 mm 之间敞水效率降幅最大为 10.72%；两种较小尺寸的水动力性能相差较小，两种较大间隙尺寸的敞水效率差异较低；间隙尺寸越大，所产生的顶隙泄涡的强度和范围就越大，叶梢附近的低速区域越明显，速度场分布也越不均匀。

（5）对于不同间隙尺寸，无论是否发生空化，泵喷推进器的效率-进速系数曲线的变化趋势是相同的：随着转子进速系数的增大，推进效率先增大后减小。但对于不同间隙尺寸，敞水效率曲线最大效率对应的最佳进速系数不完全相同，分别对应为 $J=1.228$、$J=1.173$、$J=1.173$，并且各间隙尺寸在最佳进速系数时，空化后推进器效率下降幅度最小；间隙尺寸越大，发生空化后推进器整体效率越低，当进速系数较大（转速较低）时，空化发生后效率降幅相对较小；当进速系数较小（转速较高）时，各间隙尺寸下的效率降幅较大。

（6）在靠近转子叶梢处，$\delta=3$ mm 的转子叶片的空化面积相较于 $\delta=1$ mm 的叶片有了更为明显的突变增量，在低转速下此现象不是很明显，但在高转速下，$\delta=3$ mm 的叶片在叶梢处的空化面积明显高于 $\delta=1$ mm 的叶片；同时，我们还注意到，$\delta=1$ mm 的叶片相较于 $\delta=3$ mm 的叶片在更靠近叶梢处空化面积的激增现象；在较小转速时，较大间隙尺寸的转子叶片空化区域反而比较小间隙尺寸的转子叶片空化区域小；随着转速的增大，对于不同间隙尺寸，转子叶片吸力面与叶顶区域的空化区域明显扩大，强度也都有明显的增强，并且在较大间隙尺寸下转子叶片空化区域激增程度相较于较小尺寸更加明显。

综上所述，转子叶顶间隙越小对于泵喷推进器的水动力性能与空化性能越有利；间隙尺寸越大，推进器效率越低，空化现象也明显。因而，设计泵喷推进器时应当选取较小间隙尺寸，但同时也要考虑到间隙尺寸过小也会造成叶顶区域黏性力过大，流体发展程度降低，这些对于推进器来说也是不利的。所以，泵喷推进器转子间隙尺寸的选取需要综合考虑其对各项性能的影响，并通过相应计算最终确定其大小。

参 考 文 献

[1] 赵涛，刘明雍，周良荣. 自主水下航行器的研究现状与挑战[J]. 火力与指挥控制，2010，35（6）：1-6.

[2] 蔡昊鹏，苏玉民. 水下航行体推进器设计方法研究[J]. 哈尔滨工程大学学报，2010，31（4）：428-433.

[3] 张宇文. 鱼雷总体设计原理与方法[M]. 西安：西北工业大学出版社，1998.

[4] 伏捷. 水下航行器声隐蔽性的表征与技术进展[J]. 噪声与振动控制，2006，1：101-103.

[5] 王天奎，唐登海. 泵喷推进器——低噪声的核潜艇推进方式[J]. 现代军事，2006，7：52-54.

[6] 汤智胤，徐荣武，何琳. 水下航行器声隐身状态快速评估方法[J]. 海军工程大学学报，2011，23（1）：77-83.

[7] 王涛，周连第，张鑫. 轴对称体与导管推进器组合体的三维复杂流场的计算与分析[J]. 船舶力学，2003，4：21-32.

[8] JIM K. Sub-visual cavitation and acoustic modeling for ducted marine propeller[D]. IOWA：University of IOWA，2002.

[9] 王涛，周连第. 泵喷推进器内间隙流与主流相互作用的数值模拟和机理研究[C]//船舶水动力学学术会议. 武汉：中国造船工程学会，2004.

[10] LERBS H W. Moderately loaded propellers with a finite number blades and an arbitrary distribution of circulation[J]. Trans SNAME，1952，60：73-123.

[11] KAWADA S. Induced velocity by helical vortices[J]. Journal of the Aeronautical Sciences，1936，3（3）：86-87.

[12] 高木又男. 舵と推進器との相互干涉に関する理論的研究[J]. 造船協會論文集，1961，109：41-49.

[13] 黄胜. 桨舵干扰的理论和试验研究[M]. 哈尔滨：哈尔滨工程大学出版社，2007.

[14] YIM B. Optimum propellers with cavity-drag and frictional-drag effects[J]. Journal of Ship Research，1976，20（2）：118-123.

[15] CONEY W. A method for the design of a class of optimum marine propulsors[D]. Massachusetts：Dept. of Ocean Engineering，MIT，1989.

[16] TAYLOR T E. Preliminary design and analysis of propulsors for axisymmetric underwater vehicles[D]. Massachusetts：Dept. of Ocean Engineering，MIT，1997.

[17] SU Y M. A study on design of marine propeller by lifting-body theory[D]. Yokohama：Yokohama National University，1999.

[18] 谭廷寿. 非均匀流场中螺旋桨性能预报和理论设计研究[D]. 武汉：武汉理工大学，2003.

[19] MISHKEVICH V G. A new approach to lifting line theory：Hub and duct effects[J]. Journal of Ship Research，2006，50（2）：138-146.

[20] ÇELIK F，GUNER M. An improved lifting line model for the design of marine propellers[J]. Marine Technology，2006，43（2）：100-113.

[21] 蔡昊鹏. 基于面元法理论的船用螺旋桨设计方法研究[D]. 哈尔滨：哈尔滨工程大学，2011.

[22] GINZEL G L. Theory of the broad blade propeller[M]. London：A.R.C.，1955.

[23] COX G G. Corrections to the camber of constant pitch propellers[J]. Transactions of the Royal Institution of Naval Architects，1961，103（3）：227-243.

[24] CUMMINGS D E. Numerical prediction of propeller characteristics[J]. Journal of Ship Research，1973，17（1）：12-18.

[25] ENGLISH J W. The application of a simplified lifting surface technique to the design of marine propellers[M]. London：National Physical Laboratory，1962.

[26] KERWIN J E，LEOPOLD R. Propeller-incidence correction due to blade thickness[J]. Journal of Ship Research，1963，7（4）：1-6.

[27] YAMASAKI H，IKEHATA M. Numerical analysis of steady open characteristics of marine propeller by surface vortex lattice method[J]. Journal of the Society of Naval

Architects of Japan，1992（172）：203-212.

[28] GREELEY D S. Marine propeller blade tip flows[D]. Massachusetts：Dept. of Ocean Engineering，MIT，1982.

[29] NAKAMURA N. Estimation of propeller open-water characteristics based on quasi-continuous method[J]. Journal of the Society of Naval Architects of Japan，1985（157）：95-107.

[30] HOSHINO T. Application of quasi-continuous method to unsteady propeller lifting-surface problems[J]. Journal of the Society of Naval Architects of Japan，1985（158）：48-68.

[31] KEENAN D P. Marine propellers in unsteady flow[D]. Massachusetts：Dept. of Ocean Engineering，MIT，1989.

[32] 王国强，胡寿根. 螺旋桨性能和压力分布预估方法的改进[J]. 中国造船，1988（1）：22-35.

[33] KAWAKIT，HOSHINO T. Design system of marine propellers with new blade sections[C]//Proceedings of the 22nd symposium on naval hydrodynamics. Washington DC：Academic Press Washington DC，1998：110-126.

[34] HUGH G. Advances in ducted propulsor analysis using vortex-lattice lifting-surface techniques[D]. Massachusetts：Dept. of Ocean Engineering，MIT，1997.

[35] 王国强，杨建民. 用升力面方法估算螺旋桨空泡[J]. 上海交通大学学报，1993（3）：9-18.

[36] 王国强，杨晨俊. 空泡螺旋桨升力面理论设计方法[J]. 船舶力学，2002，6（1）：11-17.

[37] 董世汤. 螺旋桨升力面理论边值问题的精细化处理[J]. 船舶力学，2004，8（2）：1-15.

[38] 辛公正，丁恩宝，唐登海. 对转螺旋桨升力面设计方法[J]. 船舶力学，2006，10（2）：40-46.

[39] 黄胜，宁至胜，姜华. 升力面方法预报全方向推进器的非定常水动力性能[J]. 海洋工程，1998，16（1）：23-31.

[40] 谭廷寿，熊鹰. 基于 B 样条的螺旋桨升力面设计[J]. 海军工程大学学报，

2005，17（6）：37-42.

[41] 马骋，钱正芳，杜度，等. 拖式吊舱推进器的非定常水动力性能[J]. 中国造船，2007，48（3）:13-22.

[42] MCBRIDE M W. Refinement of the mean streamline method of blade section design[J]. Journal of Fluids Engineering，1977，99（3）：561-566.

[43] VON KOVATS A. Design and performance of centrifugal and axial flow pumps and compressors[M]. New York：Pergamon Press，1964.

[44] SHEPHERD D G. Principles of turbomachinery[M]. New York：Macmillan Pubhishing Company，1956.

[45] TAN C S，HAWTHORNE W R，WANG C，et al. Theory of blade design for large deflection：Part II—annular cascades[J]. ASME Journal of Engineering for Gas Turbines and Power，1984，106：354-365.

[46] ZANGENEH M. A compressible three-dimensional design method for radial and mixed flow turbomachinery blades[J]. International Journal for Numerical Methods in Fluids，1991，13（5）：599-624.

[47] ZANGENEH M，GOTO A，HARADA H. On the role of three-dimensional inverse design methods in turbomachinery shape optimization[J]. Journal of Mechanical Engineering Science，1999，213（1）：27-42.

[48] YIU C，ZANGENEH M. On the simultaneous design of blade and duct geometry of marine ducted propulsors[J]. Journal of Ship Research，1998，42（4）:274-296.

[49] JENNIONS I K，STOW P. A quasi-three-dimensional turbomachinery blade design system：Part II—computerized system[J]. Journal of Engineering for Gas Turbines and Power，1985，107（2）：308-314.

[50] ZANNETTI L，MARSILIO R，LAROCCA F. Euler solver for 3 d inverse problems[J]. Advances and Applications in Computational Fluid Dynamics，1988，1：71-79.

[51] 潘德民. 新型高效斜流泵的设计和试验[J]. 上海机械，1964，12：19-22.

[52] 金平仲. 喷水推进轴流泵设计[J]. 水泵技术，1976，4：1-40.

[53] 汤方平，周济人，袁家博，等. 轴流泵水力模型 CAD/CAM[J]. 江苏农学院学

报，1998，19（1）：1-5.

[54] 林汝长. 水力机械流动理论[M]. 北京：机械工业出版社，1995.

[55] 罗兴锜. 混流式水轮机转轮的全三维反问题计算与优化[D]. 北京：清华大学，1995.

[56] 彭国义. 轴流式水轮机转轮三维有旋流动反问题计算与优化[D]. 北京：清华大学，1995.

[57] 刘文峰，胡欲立. 新型水下集成电机推进装置的泵喷射推进器结构原理及特点分析[J]. 鱼雷技术，2007，15（6）：5-8.

[58] 王天奎，唐登海. 泵喷推进器——低噪声核潜艇推进方式[J]. 现代军事，2006（7）：52-53.

[59] 李锡群，王志华. 电机/推进器一体化装置（IMP）介绍[J]. 船电技术，2003（2）：5-7.

[60] 程鹏，贺波. 集成电机泵喷推进器应用于水下机器人探讨[J]. 广东造船，2014，13：50-52.

[61] 海工. 美国海军重启电雷研制[J]. 现代舰船，2008，2（1）：37-38.

[62] RICHARDSON K M，POLLOCK C，FLOWER J O. Design of a switched reluctance sector motor for an integrated motor/propeller unit[J]. Electrical Machines and Drives，1995，11-13（9）：271-275.

[63] LAI S H，SHARKH S A. Structurally integrated slotless PM brushless motor with spiral wound laminations for marine thrusters[J]. Iet Conference Publications，2006，106-110.

[64] HUYER S A，DROPKIN A. Integrated motor/propulsor duct optimization for increased vehicle and propulsor performance[J]. Journal of Fluids Engineering，2011，133（4）：041102-1-041102-10.

[65] MCCOKMICK B W，EISENHUTH J J. Design and performance of propellers and pumpjets for underwater propulsion[J]. AIAA Journal，1963，1（10）：2478-2354.

[66] HENDERSON R E，MCMAHON J F，WISLICENUS G F. A method for the design of pumpjets[R]. State College：Pennsylvania State University，1964:4-6.

[67] FURUYA O，CHIANG W L. A new pumpjet design theory[R]. Hoboken：

Honeywell Inc Hopkins MN，1988:15-21.

[68] JACOBS W R，TSAKONAS S，LIAO P. The linearized unsteady lifting surface theory applied to the pump-jet propulsive system[R]. Hoboken：Stevens Institute of Technology Hoboken NJ Division Lab，1981:14-16.

[69] KOREDE U A. Study of a jet-propulsion method for an underwater vehicle[J]. Ocean Engineering，2004，31（10）：1205-1218.

[70] 刘高联，韩瑞德，郭加宏，等. 应用变域变分原理与有限元法求解泵喷射推进器外流场[J]. 中国造船，1998，1：25-29.

[71] 程鹏，于盈. 小功率集成电机泵喷推进器数值模拟[J]. 中国水运，2014，14（6）：143-145.

[72] 何东林. 集成电机泵喷推进器技术研究[D]. 西安：西北工业大学，2005.

[73] 刘文峰. 电机推进器一体化装置的泵喷射推进器研究[D]. 西安：西北工业大学，2008.

[74] 刘业宝. 水下航行器泵喷推进器设计方法研究[D]. 哈尔滨：哈尔滨工程大学，2013.

[75] CROBA D，KUENY J L. Numerical calculation of 2D，unsteady flow in centrifugal pumps：Impeller and volute interaction[J]. International Journal for Numerical Methods in Fluids，1996，22（6）：467-481.

[76] DICK E，VIERENDEELS J，SERBRUGYNSS A，et al. Performance prediction of centrifugal pumps with CFD-tools[J]. Task Quarterly，2001，5：579-594.

[77] CHEAH K W，LEE T S，WINOTOo S H, et al. Numerical flow simulation in a centrifugal pump at design and off-design conditions[J]. International Journal of Rotating Machinery，2007：1-8.

[78] SPENCE R，AMARAL-TEIXEIRA J. A CFD parametric study of geometrical variations on the pressure pulsations and performance characteristics of a centrifugal pump[J]. Computers & Fluids，2009，38（6）：1243-1257.

[79] ANAGNOSTOPOULOS J S. A fast numerical method for flow analysis and blade design in centrifugal pump impellers[J]. Computers & Fluids，2009，38（2）：284-289.

[80] 曹树良，吴玉林，杨辅政. 混流式水轮机转轮内部三维紊流的数值分析[J]. 水力发电学报，1997，59（4）：52-60.

[81] 任静，曹树良，吴玉林. 轴流式水轮机转轮内三维紊流场预测[J]. 利水电技术，1999，30（5）：70-71.

[82] 李文广，苏发章，黎义斌，等. 轴流泵的叶片设计理论与应用研究现状[J]. 兰州理工大学学报，2004，30（5）：59-63.

[83] 杨敬江. 轴流泵水力模型设计方法与数值模拟研究[D]. 镇江：江苏大学，2008.

[84] 周济人，汤方平，石丽建，等. 基于 CFD 的轴流泵针对性设计与试验[J]. 农业机械学报，2015，46（8）：41-47.

[85] 石丽建，汤方平，谢荣盛，等. 基于 CFD 计算的轴流泵改型设计和效果[J]. 农业工程学报，2015，31（4）：97-102.

[86] 曾文德，王永生，刘承江. 喷水推进混流泵流体动力性能的 CFD 研究[J]. 中国舰船研究，2009，4（4）：18-21.

[87] 刘承江，王永生，张志宏，等. 喷水推进双级轴流泵流体动力性能 CFD 分析[J]. 计算力学学报，2009，26（4）：477-482.

[88] 刘洋，高跃飞，王登，等. 永磁式冲击加载缓冲器设计[J]. 机械设计，2020，37（2）：82-86.

[89] 李强，程驰青，李博. 基于 UG 与 MATLAB 的圆柱凸轮曲线槽设计[J]. 机械设计，2016，33（9）：66-69.

[90] 刘承江，王永生，王立祥. 采用 CFD 方法的喷水推进轴流泵导叶整流性能改进研究[J]. 船舶力学，2010，15（4）：466-471.

[91] 常书平，王永生，靳栓宝. 轴流式喷水推进泵水力设计和性能检验[J]. 哈尔滨工程大学学报，2011，32（10）：1278-1289.

[92] 常书平，王永生，丁江明，等. 混流式喷水推进器的性能试验与数值计算[J]. 哈尔滨工程大学学报，2012，32（5）：660-664.

[93] 靳栓宝，王永生，常书平，等. 混流泵内流场压力脉动特性研究[J]. 农业机械学报，2011，44（3）：64-68.

[94] 靳栓宝，王永生，常书平，等. 高性能紧凑型水泵的三元设计方法[J]. 农业机械学报，2011，44（11）：82-90.

[95] 彭云龙，王永生，靳栓宝. 轴流式喷水推进泵的三元设计[J]. 中南大学学报（自然科学版），2014，45（6）：1812-1818.

[96] KAWAKITA C，HOSHINO T. Hydrodynamic analysis of a ducted propeller with stator in steady flow using a surface panel method[J]. Transactions-west Japan Society of Naval Architecture，1998：17-30.

[97] PARK W G，JANG J H，CHUN H H，et al. Numerical flow and performance analysis of waterjet propulsion system[J]. Ocean Engineering，2005，32（14）：1740-1761.

[98] SURYANARAYANA C，SATYANARAYANA B，RAMJI K，et al. Experimental evaluation of pumpjet propulsor for an axisymmetric body in wind tunnel[J]. International Journal of Naval Architecture and Ocean Engineering，2010，2(1)：24-33.

[99] AHN S J，KWON O J. Numerical investigation of cavitating flows for marine propulsors using an unstructured mesh technique[J]. International Journal of Heat and Fluid Flow，2013，43（5）：259-267.

[100] AHN S J，KWON O J. Numerical investigation of a pump-jet with ring rotor using an unstructured mesh technique[J]. Journal of Mechanical Science and Technology，2015，29（7）：2897-2904.

[101] IVANELL S. Hydrodynamic simulation of a torpedo with pump jet propulsion system[D]. Stockholm：Royal Institute of Technology，2001.

[102] BALTAZAR J，FALCAO DE CAMPOS J A C，BOSSCHERS J. Open-water thrust and torque predictions of a ducted propeller system with a panel method[J]. International Journal of Rotating Machinery，2012，2012：1-11.

[103] 刘占一，宋保维，黄桥高，等. 基于 CFD 技术的泵喷推进器水动力性能仿真方法[J]. 西北工业大学学报，2010，28（5）：724-729.

[104] 潘光，胡斌，王鹏，等. 泵喷推进器定常水动力性能数值模拟[J]. 上海交通大学学报，2013，47（6）：932-937.

[105] PAN G，LU L. Numerical simulation of steady hydrodynamic performance for integrated motor propulsor on CFD[C]. 2013 International Conference on Virtual

Reality and Visualization（ICVRV）. Xi'an：IEEE，2013.

[106] 潘光，鹿麟，黄桥高，等. 鱼雷外形参数化建模平台研究[J]. 火力与指挥控制，2013，38（8）：84-88.

[107] 鹿麟，潘光. 泵喷推进器非定常空化性能数值模拟分析[J]. 上海交通大学学报，2015，49（2）：262-268.

[108] 鹿麟，李强，高跃飞. 不同叶顶间隙对泵喷推进器性能的影响[J]. 华中科技大学学报（自然科学版），2017，45（8）：110-114.

[109] 王辰，鹿麟. 斜流工程下泵喷推进器推进性能数值分析[J]. 推进技术，2020，41（11）：2596-2604.

[110] 刘文峰，胡欲立. 新型水下集成电机推进装置的泵喷射推进器结构原理及特点分析[J]. 鱼雷技术，2007，15（6）：5-8.

[111] 胡欲立，刘文峰. 基于 FLUENT 的泵喷射推进器内流场仿真[J]. 机械与电子，2009，11：27-30.

[112] 赵仿泽. 集成电机推进器流体动力数值仿真[J]. 鱼雷技术，2014，22（2）：126-135.

[113] 饶志强. 泵喷推进器水动力性能数值模拟[D]. 上海：上海交通大学，2013.

[114] 刘小龙. 水下航行体泵喷推进器非定常水动力预报的面元法研究[D]. 上海：上海交通大学，2006.

[115] 王鼎，谢顺依，张林森. 集成电机推进器叶轮转子流体动力学性能 CFD 分析[J]. 微电机，2011，44（7）：28-32.

[116] 黄政，熊鹰. 泵喷推进器的固有振动特性研究[C]. 武汉：第九届武汉地区船舶与海洋工程研究生学术论坛，2016.

[117] 赵兵，尹韶平，高涌，等. 鱼雷泵喷射推进器流动干涉发声机理研究[J]. 鱼雷技术，2009，17（2）：1-4.

[118] 段相杰，董永香，冯顺山，等. 泵喷推进航行体有动力流场数值仿真[J]. 弹箭与制导学报，2012，32（3）：161-170.

[119] 倪永燕，吴涛涛. 泵喷水推进器分析与设计改进[J]. 船海工程，2012，41（5）：61-67.

[120] 倪永燕，刘为民. 泵喷水推进器研究进展[J]. 船海工程，2013，42（5）：1-5.

[121] 付建，宋振海，王永生，等. 泵喷推进器水动力噪声的数值预报[J]. 船舶力学，2016，20（5）：613-619.

[122] SURYANARAYANA C，SATYANARAYANA B，RAMJI K. Performance evaluation of an underwater body and pumpjet by model testing in cavitation tunnel[J]. International Journal of Naval Architecture and Ocean Engineering，2010，2（2）：57-67.

[123] SURYANARAYANA C，SATYANARAYANA B，RAMJI K，et al. Cavitation studies on axi-symmetric underwater body with pumpjet propulsor in cavitation tunnel[J]. International Journal of Naval Architecture and Ocean Engineering，2010，2（4）：185-194.

[124] SURYANARAYANA C，RAO M N，SATYANARAYANA B，et al. Evaluation of cavitation performance of an axi-symmetric body with pumpjet propulsor[J]. International Journal of Maritime Engineering，2010，152：A135-A145.

[125] DULAR M，BACHERT R，STOFFEL B，et al. Experimental evaluation of numerical simulation of cavitating flow around hydrofoil[J]. European Journal of Mechanics-B/Fluids，2005，24（4）：522-538.

[126] RHEE S H，KAWAMURA T，LI H. Propeller cavitation study using an unstructured grid based Navier-Stoker solver[J]. Journal of Fluids Engineering，2005，127（5）：986-994.

[127] HSIAO C T，CHAHINE G L. Scaling of tip vortex cavitation inception noise with bubble dynamics model accounting for nuclei size distribution[J]. ASME Journal of Fluids Engineering，2005，127（1）：55-65.

[128] HSIAO C T，CHAHINE G L. Numerical study of cavitation inception due to vortex/vortex interaction in a ducted propulsor[J]. Journal of Ship Research，2008，52（2）：114-123.

[129] OLSSON M. Numerical investigation on the cavitating flow in a waterjet pump[D]. Sweden：Chalmers University of Technology，2008.

[130] 施瑶，潘光，王鹏，等. 泵喷推进器空化特性数值分析[J]. 上海交通大学学报，2014，8：1059-1064.

[131] PAN Y, LU L. Numerical investigation of a pumpjet propulsor based on CFD[J]. International Journal of Control and Automation, 2015, 8（11）: 225-234.

[132] PAN G, LU L, SAHOO P K. Numerical simulation of unsteady cavitating flows of pumpjet propulsor[J]. Ships and Offshore Structures, 2016, 11（1）: 64-74.

[133] PAN Y, SAHOO P K, LU L. Numerical study of hydrodynamic response of mooring lines for large floating structure in South China Sea[J]. Ships and Offshore Structures, 2016, 11（7）, 774-781.

[134] LU L, PAN Y, WEI J, et al. Numerical simulation of tip clearance impact on a pumpjet propulsor[J]. International Journal of Naval Architecture and Ocean Engineering, 2016, 8（3）: 219-227.

[135] LU L, PAN Y, SAHOO P K. CFD prediction and simulation of a pumpjet propulsor[J]. International Journal of Naval Architecture and Ocean Engineering, 2016, 8（1）: 110-116.

[136] 张学伟, 李强, 黄岚. 基于6DOF超空泡射弹减阻性能分析[J]. 弹箭与制导学报, 2016, 36（5）: 109-111, 141.

[137] LU L, GAO Y, LI Q, et al. Numerical investigations of tip clearance flow characteristics of a pumpjet propulsor[J]. International Journal of Naval Architecture and Ocean Engineering, 2018, 10（3）: 307-317.

[138] 李强, 黄岚, 张学伟. 不同空化器对水下射弹动态减阻特性影响分析[J]. 火炮发射与控制学报, 2018, 39（1）: 1-5.

[139] 蔡涛, 李强, 鹿麟, 等. 空化槽对弹丸水下运动特性的影响[J]. 兵器装备工程学报, 2020, 41（3）: 36-40.

[140] LI Q, LU L. Numerical investigations of cavitation nose structure of a high-speed projectile impact on water-entry characteristics[J]. Journal of Marine Science and Engineering, 2020, 8（4）: 265.

[141] 朱志峰, 方世良, 王晓燕. 船舶螺旋桨粘性空化流场数值方法[J]. 东南大学学报（自然科学版）, 2010（6）: 1146-1151.

[142] ZHU Z, FANG S. Numerical investigation of cavitation performance of ship propellers[J]. Journal of Hydrodynamics, Ser. B, 2012, 24（3）: 347-353.

[143] 杨琼方，王永生，张志宏. 改进空化模型和修正湍流模型在螺旋桨空化模拟中的评估分析[J]. 机械工程学报，2012，48（9）：178-185.

[144] 杨琼方，王永生，张志宏. 螺旋桨初生空化湍流的多相流数值模拟[J]. 上海交通大学学报，2012，46（8）：1254-1262.

[145] 杨琼方，王永生，张明敏. 不均匀伴流场中螺旋桨空化的钻性流数值模拟和低频噪声预报[J]. 声学学报，2012，37（6）：583-594.

[146] 杨琼方，王永生，张志宏，等. 伴流场中对转桨空化初生的判定与辐射噪声预报和校验[J]. 声学学报，2014，39（5）：589-604.

[147] LIU Y，ZHAO P，WANG Q，et al. URANS computation of cavitating flows around skewed propellers[J]. Journal of Hydrodynamics，Ser. B，2012，24（3）：339-346.

[148] 刘艳，赵鹏飞，王晓放. 两种空化模型计算二维水翼空化流动研究[J]. 大连理工大学学报，2012，52（2）：175-182.

[149] LEE Y T，HAH C，LOELLBACH J. Flow analyses in a single-stage propulsion pump[J]. Journal of Turbomachinery，1996，118（2）：240-248.

[150] SANGMIIK S. Reynolds-averaged Navier-Stokes computation of tip clearance flow in a compressor cascade using an unstructured grid[D]. Blacksburg：Virginia Polytechnic Institute and State University，2001.

[151] Y YOU D，MITTAL R，WANG M，et al. Computational methodology for large-eddy simulation of tip-clearance flows[J]. AIAA journal，2004，42（2）：271-279.

[152] YOU D，MITTAL R，WANG M，et al. Effects of tip-gap size on the tip-leakage flow in a turbomachinery cascade[J]. Physics of Fluids （1994-present），2006，18（10）：105102.

[153] YOU D，MITTAL R，WANG M，et al. Large-eddy simulation analysis of mechanisms for viscous losses in a turbomachinery tip-clearance flow[J]. Journal of Fluid Mechanics，2007，586：177-204.

[154] MCCARTER A A，XIAO X，LAKSHMINARAYANA B. Tip clearance effects in a turbine rotor：Part II—velocity field and flow physics[J]. Journal of

Turbomachinery，2001，123（2）：305-313.

[155] XIAO X，MCCARTER A A，LAKSHMINARAYANA B. Tip clearance effects in a turbine rotor：Part I—pressure field and loss[J]. Journal of Turbomachinery，2001，123（2）：296-304.

[156] 王涛. 泵喷与回转体组合体精细流场数值模拟和机理研究[D]. 北京：中国舰船研究院，2003.

[157] DING Y，SONG B，WANG P. Numerical investigation of tip clearance effects on the performance of ducted propeller[J]. International Journal of Naval Architecture and Ocean Engineering，2015，7（5）：795-804.

[158] 施卫东，李通通，张德胜，等. 不同叶顶间隙对轴流泵空化性能及流场的影响[J]. 华中科技大学学报，2013，41（4）：21-25.

[159] 梁开洪，张克危，许丽. 轴流泵叶顶间隙流动的计算流体动力分析[J]. 华中科技大学学报，2014，32（9）：36-38.

[160] GOLTZ I，KOSYNA G，STRAK U，et al. Stall inception phenomena in a single-stage axial-flow pump[J]. Proceedings of the Institution of Mechanical Engineers，Part A：Journal of Power and Energy，2003，217（4）：471-479.

[161] 查森. 叶片泵原理及水力设计[M]. 北京：机械工业出版社，1988.

[162] 关醒凡. 现代泵技术手册[M]. 北京：宇航出版社，1995.

[163] 王艳丽. 轴流泵运行特性的研究[D]. 北京：中国农业大学，2005.

[164] 万青. 轴流喷水推进器原理设计[D]. 西安：西北工业大学，1995.

[165] 丁成伟. 离心泵与轴流泵[M]. 北京：机械工业出版社，1981.

[166] 特罗斯科兰斯基 A T，拉扎尔基维茨 S. 叶片泵计算与结构[M]. 耿惠彬，译. 北京：机械工业出版社，1981.

[167] 罗先武. 流体机械设计及优化[M]. 北京：清华大学出版社，2012.

[168] 孙明，林焰，纪卓尚. 导管螺旋桨软件设计方法[J]. 船舶，2000（6）：54-57.

[169] 朱俊华. 合理选择轴流泵的导叶数[J]. 水泵技术，1998（6）：4-7.

[170] 吴小平，杨松林，奚炜. MATLAB 辅助螺旋桨设计[J]. 江苏船舶，2004，21（1）：10-16.

[171] 高富东，潘存云. 复杂曲面螺旋桨实体模型参数化设计与分析[J]. 机械科学

与技术，2011，30（1）：1-5.

[172] 何志标，杜月中. 船用螺旋桨参数化绘图程序设计[J]. 船海工程，2005，5（1）：6-9.

[173] FELTEN F，FAUTRELLE Y，DU TERRAIL Y，et al. Numerical modelling of electromagnetically-driven turbulent flows using LES methods[J]. Applied Mathematical Modelling，2004，28（1）：15-27.

[174] TAMURA T，ONO Y. LES analysis on aeroelastic instability of prisms in turbulent flow[J]. Journal of Wind Engineering and Industrial Aerodynamics，2003，91（12-15）：1827-1846.

[175] DI MARE L，JONES W P. LES of turbulent flow past a swept fence[J]. International Journal of Heat and Fluid Flow，2003，24（4）：606-615.

[176] LAUNDER B E，SPALDING D B. The numerical computation of turbulent flows[J]. Computer Methods in Applied Mechanics and Engineering，1974，3（2）：269-289.

[177] YAKHOT V，ORSZAG S A，THANGAM S，et al. Development of turbulence models for shear flows by a double expansion technique[J]. Physics of Fluids A：Fluid Dynamics（1989—1993），1992，4（7）：1510-1520.

[178] MENTER F R. Two-equation eddy-viscosity turbulence models for engineering applications[J]. AIAA Journal，1994，32（8）：1598-1605.

[179] WILCOX D C. Multiscale model for turbulent flows[J]. AIAA Journal，1988，26（11）：1311-1320.

[180] 王福军. 计算流体动力学分析：CFD 软件原理与应用[M]. 北京：清华大学出版社，2004.

[181] PATANKER S V，SPALDING D B. A calculation processure for heat，mass and momentum transfer in three-dimensional parabolic flows[J]. International Journal of Heat Mass Transfer，1972，15：1787-1806.

[182] VAN DOORMAAL J R，RAITHBY G D. Enhancement of the simple method for predicting incompressible fluid flows[J]. Numerical Heat Transfer，1984，7：147-163.

[183] ISSA R I. Solution of the implicity discretized fluid flow equations by operator splitting[J]. Journal of Computational Physics，1986，62：40-65.

[184] DEGLON D A，MEYER C J. CFD modeling of stirred tanks numerical considerations[J]. Minerals Engineering，2006，19（10）：1059-1068.

[185] 刘春宝，马文星，褚亚旭. 多流动区域耦合算法在液力元件中的应用[J]. 吉林大学学报工学版，2008，38（6）：1342-1347.

[186] 王军，王建峰，唐狄毅. 对转式轴流风机内流的数值模拟[J]. 西北工业大学学报，2000，18（4）：555-557.

[187] 王军，肖朋，吴立强，等. 对旋轴流风机反风性能的数值模拟[J]. 中国工程热物理学报，2007，28（1）:149-152.

[188] SUBHAS S，SAJI V F，RAMAKRISHNA S，et al. CFD analysis of a propeller flow and cavitation[J]. International Journal of Computer Applications，2012，55（16）：26-33.

[189] KUBOTA A，KATO H，YAMAGUCHI H. A new modelling of cavitating flows：A numerical study of unsteady cavitation on a hydrofoil section[J]. Journal of fluid Mechanics，1992，240：59-96.

[190] KUNZ R F，BOGER D A，STINEBRING D R，et al. A preconditioned Navier–Stokes method for two-phase flows with application to cavitation prediction[J]. Computers & Fluids，2000，29（8）：849-875.

[191] SINGHAL A K，AYHAVALE M M，LI H，et al. Mathematical basis and validation of the full cavitation model[J]. Journal of Fluids Engineering，2002，124（3）：617-624.

[192] ZHU Z，FANG S. Numerical investigation of cavitation performance of ship propellers[J]. Journal of Hydrodynamics，Ser. B，2012，24（3）：347-353.

[193] 王辰，鹿麟. 斜流工况下泵喷推进器推进性能数值分析[J]. 推进技术，2020，41（11）：2596-2604.

[194] 翁凯强，王超，胡健，等. 间隙流动模型对泵喷推进器水动力性能的影响[J]. 哈尔滨工程大学学报，2021，42（1）：21-26.

[195] 王亮. 船舶螺旋桨变参数水动力性能研究[D]. 大连：大连理工大学，2012.

[196] LU L，WANG C，QIN D H. Numerical investigations of flow characteristics of a pumpjet propulsor in oblique inflow[J]. Applied Ocean Research，2020，103：102343.

[197] 王渊博，李春，栾忠骏. 水平轴风力机多涡格升力面涡尾迹法的研究[J]. 哈尔滨工程大学学报，2016，37（8）：1070-1075.

[198] 高伟，尹凡夫，沈昕，等. 基于升力面自由尾迹的深海浮式风力机全耦合模型仿真研究[J]. 动力工程学报，2021，41（11）：984-990.

[199] 张睿. 轴流泵失速和空化流动特性及其性能改善研究[D]. 上海：上海大学，2014.

[200] 陶然，肖若富，杨魏. 基于遗传算法的轴流泵优化设计[J]. 排灌机械工程学报，2018，36（7）：573-579.

[201] 王绍增，王永生，丁江明. 船舶喷水推进器进水流道效率的数值计算[J]. 舰船科学技术，2012，34（7）：15-19，44.

[202] 杨福芹，王学志，姜敬伟，等. 船舶喷水推进器进水流道的参数化分析[J].机电工程，2019，36（11）：1212-1215.

[203] CHUNG H，CAO S X，PHILEN M，et al. CFD-CSD coupled analysis of underwater propulsion using a biomimetic fin-and-joint system[J]. Computers and Fluids，2018，172：54-66.

[204] 黄修长，苏智伟，师帅康，等. 泵喷分布式脉动压力激励下泵喷艇体耦合系统振动声辐射[J]. 振动与冲击，2021，40（18）：1-9.

[205] 黄红波. 螺旋桨空泡诱导的脉动压力预报及振动风险评估新方法[J]. 船舶力学，2020，24（11）：1375-1382.

[206] 陈宁，刘文豪，赖海清. 基于 CFD 新型喷射泵内流场数值分析[J]. 舰船科学技术，2016，38（1）：53-56.

[207] 阳峻，冯大奎，张航，等. 泵喷式推进器数值模拟及尺度效应分析[J]. 中国造船，2020，61（S2）：91-99.

[208] 孙明宇，董小倩，杨晨俊. 泵喷推进器水动力尺度效应数值仿真与分析[J]. 水下无人系统学报，2020，28（5）：538-546.

名 词 索 引